ケアするまちのデザイン：
対話で探る超長寿時代のまちづくり

打造所有人的理想歸宿

在地整體照顧的社區設計

山崎亮
曾鈺珮——譯

山崎　亮（Yamazaki Ryo）

社區設計師、社會福祉士／studio-L代表
1973出生於愛知縣。一九九七年大阪府立大學畢業，1999年修畢同校研究所地域生態工學碩士課程。2013年修畢東京大學研究所工學博士課程 。
在支援阪神大地震災區的經驗中看到社區發揮的力量，歷經建築設計事務所的洗禮，於2005年成立studio-L，從事「社區設計」，協助地區居民共同解決當地課題。
現為慶應義塾大學特聘教授、NPO法人maggie's tokyo理事。
主要著作有《社區設計：重新思考「社區」定義，不只設計空間，更要設計「人與人之間的連結」》（臉譜）、《社區設計的時代：用「不造物的設計」概念打造二十一世紀理想社會，全面探究社區設計的工作奧義、設計總體方針，以及如何與社群團體培養合作默契》（臉譜）、《引路者：導引山崎亮走上社區設計的大師們，探究英國社區設計如何發跡，重新回復工業社會所剝奪的人性與尊嚴》（臉譜）、《社會設計地圖集》（ソーシャルデザイン．アトラス，暫譯，鹿島出版会）、《社區的幸福論》（まちの幸福論，暫譯，NHK出版）、《縮充的日本》（縮充する日本，暫譯，PHP研究所）等。

前言

在設計住宅或庭園景觀時，一般會先仔細聆聽委託人的想法再決定設計，因為大多數的委託人就是將來這個空間的使用者。然而，場景轉到公共設施或公園設計時，委託人就不一定是使用者了。畢竟，公園不會只有公家單位的公園綠地課長一個人在使用。

所以，該怎麼從不特定多數的使用者中蒐集意見呢？問題再往前拉一點，我們要如何把未成形空間的未來使用者聚集到一起？假如成功聚集到這些人了，又該怎麼彙整蒐集到的大量意見？我毫無頭緒。所以我最後決定跳過蒐集使用者意見的步驟，直接著手設計。

但是這種光靠自己模擬使用方法來設計空間、不詢問使用者意見的做法，在我心裡留下了疙瘩。當我反覆思考到底該怎麼克服這個問題的時候，認識了「住戶參與型工作坊」，這是一種在對話過程中彙整眾多參加者的意見，互相學習，同時串起彼此連結的手段。我發現，透過這種方法就可以如願地把未來使用者的意見反映在設計之中。

在那之後，我還發現這種手法不僅可以運用在空間設計的情境，更可以廣泛用於社區營造現場。就連規畫都市計畫、催生市民活動、創造相互學習的場域，或是建構社區生活支援網，都可以利用「住戶參與型工作坊」來達成目的。原來比起建築設計，我更想從事的是這類型的設計。此後，我們便把自己從事的工作稱作「社區設計」（コミュニティデザイン），開始參與空間設計以外的業務。

醫療和社會福利就是其中之一。這個領域中有一個熱門關鍵字「在地整體照顧」（地域包括ケア），這個名詞乍聽之下很難，我剛開始也不了解它的意思，查了一下，大概理解它是以地區為單位的醫療和社會福利支援，偏向社區營造的概念。即使如此，我還是無法想像現場實務的樣貌。為了了解在地整體照顧的實務現況、他們經歷了什麼樣的嘗試及挫折，以及面臨的困境，我決定前往拜訪四個正在執行，並且比較符合我對在地整體照顧想像的地方。分別是新潟縣長岡市、滋賀縣東近江市、埼玉縣幸手市，以及石川縣金澤市。

訪談的對象是醫療和社會福利方面的專家，不過我同時也拜託了另外一位同樣從事設計和社區營造的人士和我一同前往。其實這是因為我擔心自己這個門外漢的知識不足以與醫療和社會福利的專家對談，但是如果有設計和社區營造的相關人士一同加入，說不定能讓我在這種三方會談形式的過程中找到發言的切入點。

果然不出我所料，會談開始之後好一陣子都沒有我發言的機會，光是消化醫療與社會福利現場的話題，還有地方上正在進行的行動，就幾乎耗掉我全部的精力。談話內容中有許多令人敬佩的部分和感動的發現，然而在深入聆聽細節時，我察覺到其實在社區設計的現場也有相同發現，在地整體照顧和社區營造的共通點漸漸浮現出來了。「這麼說來，在我的領域其實也有這種狀況。」說著說著，我便加入了話題，所以不管在哪場會談中，都會有我不小心說太多話的段落，足以顯示我的興奮程度。

我從四個地方進行的會談中獲得了和社區設計有關的點子，還發現了在地整體照顧與社區營造的共通點；思考了理性與感性、實際與趣味之間的關係；回顧了英國在十九世紀後半以及美國在二十世紀前半那些結合設計與照護的嘗試；並檢視了生活中貨幣與信任關係的平衡。這些會談心得皆整理在第五章，希望這些發現能讓更多人思考設計與照護的關係。

二〇一九年二月

山崎　亮

元気スタンド
ぷりズム
喫茶
軽食
団らん
元気スタンド
ぷりズム

目錄

2 誰來照顧社區？

——魅知普請創集會及永源寺小隊

花戸貴司　東近江市永源寺診所 所長／醫師
×
北川憲司　滋賀地方自治研究中心 理事

結合各領域人才的「東近江魅知普請曼陀羅」／串起人與人之間的關係，百分之九十的工作都會順利／「在地整體照顧」不只是服務老人／「不要只看到我的病，請看到我生活的全部。」／醫療，不可以成為當事人生活或角色的絆腳石／醫療、照護和社會福利能做的事情很有限／專家懂得保留／實現「在宅臨終」的是當事人的意志／讓人感受不到存在的領導是最理想的領導／讓對方說出「看在你面子上」的能力／拿到居民的手作配菜就可以獨當一面／不是把誰拉進來，而是自己主動投入

3 是什麼串連起照護與社區？

——在地整體照顧幸手模式

中野智紀　社會醫療法人JMA東埼玉綜合醫院 地區糖尿病中心 中心長
居家醫療合作據點「油菜花」 室長／醫師
×
小泉圭司　元氣站・PRISM合同會社 代表社員、NPO元氣站 代表

你也是「社區設計師」！／建立新型態信任關係的人們／這裡沒有我的歸屬／只要光顧就有照護預防效果的咖啡店／向外拓展，連結就會發生／營利與非營利的平衡／用好玩的事當作入口／住起來舒適的社區是最終成果／比起網，更像一朵雲／信任與資訊共享／照護的核心是社會工作／在地整體照顧就是「我城模式」

4 如何打造一個照護社區？

——Share金澤、三草二木西圓寺

雄谷良成　社會福祉法人佛子園 理事長／僧侶
×
西川英治　株式會社五井建築研究所　代表／建築師

從身心障礙者福利到社區營造／打造保障身心障礙者安全生活的地方／業主表示：「就算沒有建築物也無所謂。」／開會，是傳接球，還是互相出拳？／找到有眼光的專家／變成「當事人」和「當事人」共事／有時候從細節著手／從「所有」改為「共有」的意識轉換／和其他領域的夥伴建立可以相互介入的信賴關係

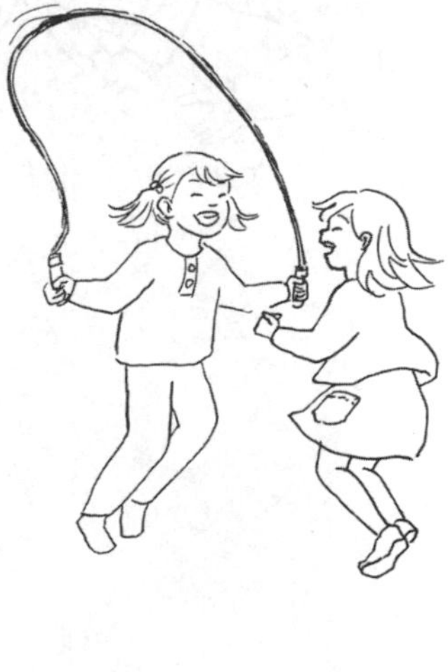

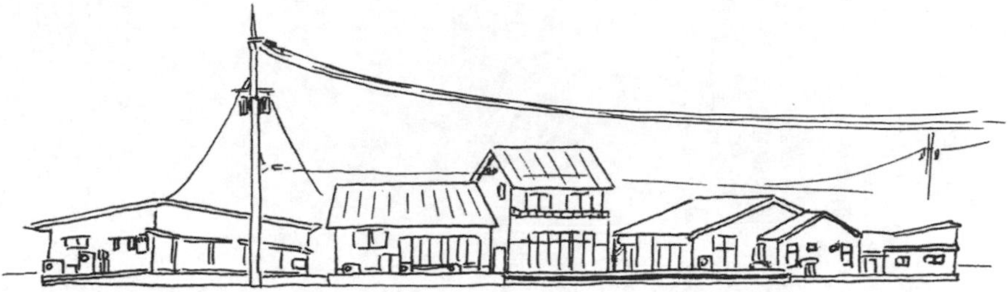

1 照護與社區營造將在哪裡交會？

吉井靖子

社會福祉法人長岡福祉協會 高齡者綜合照顧中心「辛夷園」 綜合機構長／護理師

×

高田清太郎

株式會社高田建築事務所 代表／建築師

解散郊外大型特養之家，將社區整體打造成「有照護機能的生活場所」

高齡者綜合照顧中心「辛夷園」的支援中心

如果年老體衰、罹病，或身體障礙導致行動不自由，為了活下去，必須具備什麼條件？三百六十五天和二十四小時不間斷地照顧、必要時刻的醫療行為、進食和洗澡等等的日常生活支援，再加上住所，結合這所有功能的，便是所謂的照顧福利機構。

從上越新幹線的長岡車站出發，車程大約二十～三十分鐘的距離，在一個零星散布著住家的郊區，有一間大型集中式的特別養護老人之家（特別養護老人ホーム，以下簡稱「特養之家」〔特養〕）——成立於一九八三年的「辛夷園」。

「對不起把你留在這種地方。」當時，在這棟全新建築裡，員工充滿熱忱地迎接新住戶時，看到的卻是眼泛淚光的家屬哭著向老年人道歉的情景。

當時的照顧福利機構長得很像醫院，住的也是多人合居的大房間。住進機構的老年人離開熟悉的住家，與親密的家人分開，在一個沒有隱私的空間過著集中管理的生活。「沒有人是因為喜歡才住在這裡的。」辛夷園的前任綜合機構長，已故的小山剛先生這麼說過。

如果在家裡也可以獲得相同的照顧和生活支援，那麼即使年紀大了，也能繼續住在自己喜歡的地方，過喜歡的生活。基於這個想法，小山先生開始推行讓機構的照顧服務員到府服務。如果有醫療需求，就由機構的護理師登門拜訪；三餐若是無法自理，便會有專人送餐。後來，由於從郊區的大型據點往返太花時間，於是便開始在市中心增設小型據點，取名為「支援中心」（Support Center）。同時也為了那些無法繼續待在家的人，在中心內部設立了小型特養之家。房間皆為單人房，每戶住房還會掛上寫有住戶姓名的門牌。

如此一來，原本居住在郊區大型特養之家的老年人們，便全數回到了原本居住的地方，原先容納一百位老年人的特養之家建築，現在被當成辦公室使用，並提供日間照顧和短期照顧的服務。

住在支援中心附近的不只有住戶的家人，還有認識很久的老朋友們。這些人的來訪也慢慢帶動了年輕人和孩子們進出的頻率。各式各樣的人在這裡聚集，來諮詢的人、當志工的人，或者單純想在這裡喝茶放鬆的人。原本為了老年人打造的園地，現在變成了「社區居民的歸屬」。

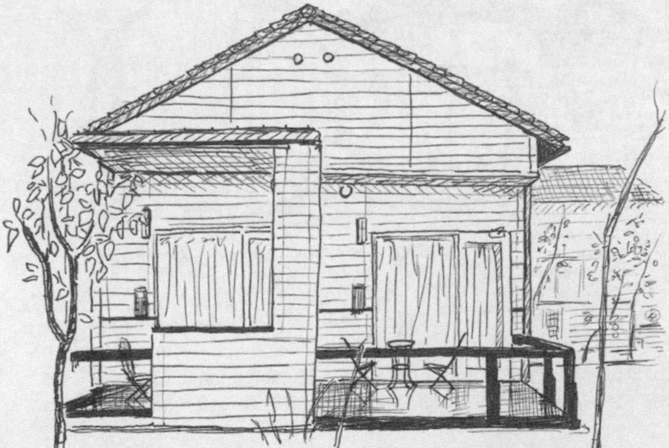

攝田屋支援中心的住房外掛著住戶姓名的門牌，並設有玄關。

攝田屋地區因為湧出甘甜泉水，自古就聚集了許多醬油和日本酒的釀造廠。
至今仍留下許多堪稱日本第一的鏝繪所裝飾的土蔵屋等明治、大正時期的建築。

圖｜遍布長岡市內的支援中心

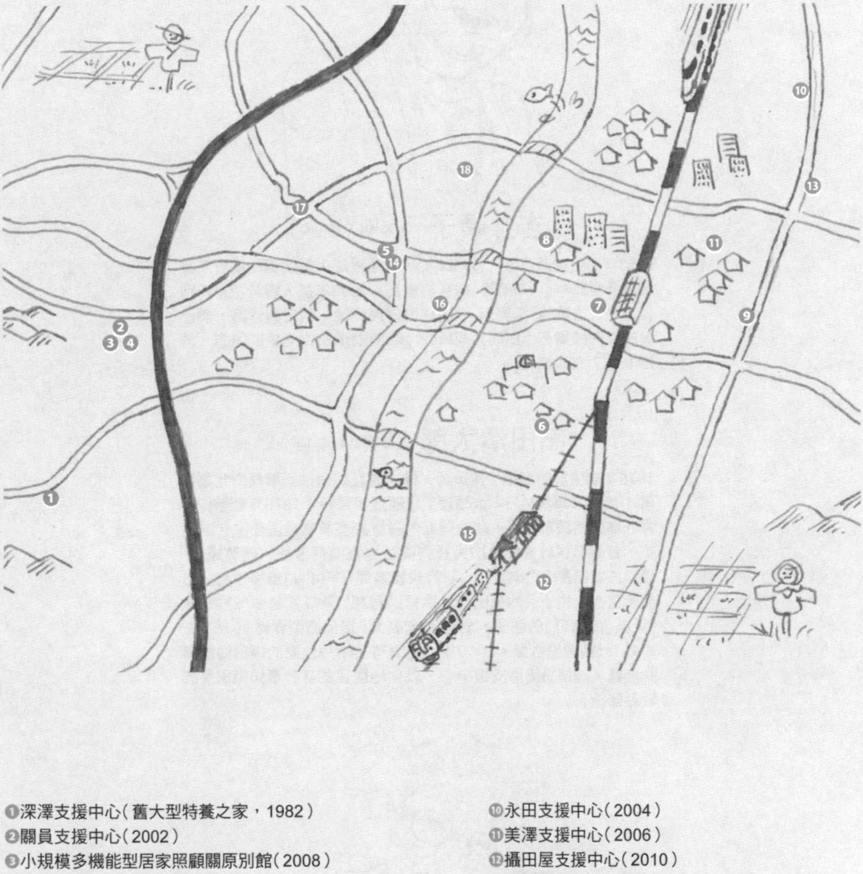

❶深澤支援中心（舊大型特養之家，1982）
❷關員支援中心（2002）
❸小規模多機能型居家照顧關原別館（2008）
❹上除支援中心（2002）
❺西長岡支援中心（1995）
❻三和支援中心（2002）
❼千手支援中心（2009）
❽健康車站 長岡館（信濃支援中心，2005）
❾今朝白支援中心（1992）
❿永田支援中心（2004）
⓫美澤支援中心（2006）
⓬攝田屋支援中心（2010）
⓭川崎支援中心（2012）
⓮大島支援中心（2012）
⓯平島支援中心（2012）
⓰大島新町支援中心（2013）
⓱喜多町支援中心（2014）
⓲千秋支援中心（2014）

吉井靖子 (Yoshii Yasuko)

1953年出生於新潟縣。護理師。社會福祉法人長岡福祉協會高齡者綜合照顧中心「辛夷園」綜合機構長。1983年加入當時還是特別養護老人之家的「辛夷園」，擔任機構護理師、到府護理師，與已故的前任機構長小山剛共同經營，隨後繼承小山先生的遺志，於2015年就任現職。

高田清太郎 (Takada Seitaro)

1949年出生於新潟縣。建築師。株式會社高田建築事務所代表董事。1973年畢業於日本大學理工學部建築學科。1976年創辦株式會社高田建築事務所，在新潟縣內設計許多具當地風土文化的建築。曾經參與社會福祉法人長岡福祉協會的醫療福利建築規畫。受前任機構長小山剛委託，設計規畫數間「辛夷園」支援中心。出於希望在土生土長的攝田屋地區打造理想「間知」（まち，同日文「社區」的發音）的願望，於2006年展開「復刻微型森林」（リプチの森）社區營造計畫。2010年，在擁有三十戶住家的復刻微型森林社區，建造攝田屋支援中心，以在地居民的身分參與攝田屋的社區營造。

把醫療、社會福利，與社區營造的關係漸漸拉近

山崎　我先自我介紹一下。我在大學學的是公園設計，也就是所謂的景觀設計。之後因為覺得不只是公園，建築的工地也很有趣，就進入建築設計公司上班。

但是我在工作的過程中發現，比起設計建築物或公園，當務之急是必須和居民對話，討論出社區發展的方向，於是便在二〇〇五年成立 studio-L，主要業務是社區營造。

開始營運之後，實際工作的內容並不只有社區營造，還包括像是蓋醫院時調查當地居民意見的前置作業，或像我們最近接到的案件，就是要思考如何讓寺廟成為社區的中心之類的。所以我並不稱我們的工作為社區營造，而是稱作「社區設計」（community design），是與社區居民們一起思考設計的工作。

從大約二〇一四年開始，或許是因為「在地整體照顧」（地域包括ケア）[1]的熱潮，

1　在地整體照顧制度（community-based integrated case）　一種提供醫療、照護、社會福利等整體性支援的制度，讓人們盡可能地待在原本熟悉的居住地，維持自己想過的生活。由自助（self care）、互助（民間服務和居民之間的互助）、公助（公共服務）、共助（保險制度）四種精神組成。目前更擴大包含身心障礙者支援、育兒支援等，希望邁向更全面性的社會照顧體制，建構地區共生社會。

我們多了很多醫療與社會福利領域方面的諮詢案件。我想，在地整體照顧的演變，也就是從機構照顧演變成居家照顧或區域照顧這一點，讓各地方單位都很煩惱，「社區和社區營造、醫療與社會福利，兩者之間究竟要如何平衡」。因此，對醫療與社會福利領域完全外行的我們，決定先從「什麼是在地整體照顧？」開始調查。

於是，像我們這種從都市計畫跨足社區營造的設計師和建築師，和那些從醫療與社會福利往社區營造靠攏的人們，現在正好到了同一個地方。如果讓兩方進行一場談話，不知道會產生什麼樣的火花。這也是這本書的起點。

在書的第一章，很榮幸能夠邀請到兩位我們心目中的理想人選，分別是把醫療和社會福利帶進社區的「辛夷園」吉井靖子小姐，以及從建築領域橫跨社區營造的高田清太郎先生。我相信兩位的合作案例，絕對是在地整體照顧的最佳典範。

建立把照護送進社區的體制

吉井　高齡者綜合照顧中心「辛夷園」最剛開始是在一九八三年設立的大型集中式老人照顧福利機構（特別養護老人之家，以下簡稱「特養之家」）[2]。機構可以容納一百人，房間全部是四人房。雖然現在交通已經變得比較方便了，不過在當時可真是人煙稀少的郊區。

特養之家剛開幕的時候，我和前任綜合機構長，當時還是生活諮詢員的小山剛[3]先生，滿心期待準備迎接第一批的一百位住戶，但卻看到家屬哭著說：「對不起，把你留在這種地方。」目睹這一幕的小山先生這才意識到，特養之家雖然幫助家屬從看護生活中解脫，但是對住戶本人來說，卻是另一場戰鬥的開始。沒有人是自願離家到這麼遠的地方跟一大群陌生人生活的。

我們開始思考，如果是因為原本家庭無力照顧而必須住進機構，那麼有了居家照顧服務就可以解決這個問題吧？於是我們開始提供到府照顧的服務項目，之後又陸續增加短期照顧、送餐服務等，還有在家就能享有和在機構內一樣，三百六十五天、二十四小時的全時段照顧服務，與大型特養之家一起合併經營。

2 老人照顧福利機構（特別養護老人之家）專門為「要介護認定等級三」以上的老年人提供日常照顧的機構。

3 小山剛（Koyama Tsuyoshi, 1955-2015）一九七七年東北福祉大學畢業後，前後擔任智能障礙兒童機構「曙光學園」、重度身心障礙兒童機構「長岡療育園」兒童指導員，隨後任職「辛夷園」的主任生活指導員。二〇〇〇年就任綜合機構長，並擔任理事、董事、首都圈事業部顧問。二〇一五年因胰臟癌逝世。

然而老實說，這是一個失敗的經驗。因為大型特養之家離市區遠，使得到府照顧的服務效率極差，這也讓我們萌生出在各地區設立「支援中心」（support center）的想法，把照顧機構的功能複製到各個支援中心。於是，二〇〇二年第一間支援中心誕生，截至目前為止，已在舊長岡市設立了十八個據點。

另一方面，對於已經入住的一百位住戶來說，大型特養之家也不應該是他們最終的住所。二〇〇五年，我們委請長岡市政府向中央政府提出特區結構改革事業計畫。這是一個讓住在郊外大型特養之家的住戶，返回他們熟悉的居住地的支援體制。接著，再成立具備支援中心功能的「衛星式特養之家」（サテライト特養），先讓一百位住戶中的十五人回到原先居住的地方。二〇一四年三月，特養之家總部搬到了市中心，達成讓全部住戶回到原居住地的目標。順便一提，二〇〇六年《介護保險法》修正時，已經將衛星式特養之家[4]的模式正式制度化。

支援中心的服務範圍可擴及周圍半徑一至三公里的地區，並兼有小規模多機能型居家照顧[5]服務，目前有二十五位當地居民登記使用。有些支援中心還有看護小規模多機能型居家照顧[6]服務、團體家屋（group home）和無障礙住家。服務範圍不僅限於特養之家，而是擴及整個地區。

除此之外，我們希望中心的服務對象不只是老年人。為了讓孩子們聚集到這裡，我們也加設了遊戲室。雖然不是兒童館或托兒所，但也是一個可以讓孩子們自主負責、快樂嬉戲的地方。無論是放學後還是寒暑假，孩子們都可以自由進出，享受中心的冷暖氣。這裡還是一個社區居民都可以隨意出入、聯繫感情的交流場所。

辛夷園的特色有三點。首先，在介護保險制度成立之前就實行至今的，三百六十五天、二十四小時的照顧與看護服務；第二點是率先導入資訊及通信科技，用視訊電話取代護士呼叫鈴、用平板電腦提高資訊共享和相關業務的效率；第三點則是不動產外部化。

4　**衛星式特別養護老人之家（特養之家）**　二〇〇六年實施的《介護保險法》修正中，設立社區集中型老人照護福利機構（社區集中型服務）的其中一種。未滿三十人的小型特養之家須以容納三十人以上的特養之家為主體，並採行與主體緊密合作的營運模式。衛星式特養之家提供的服務與一般特養之家相同，地點得在離本體一般交通工具二十分鐘內可到的距離；原則上，使用者必須為該市町村的居民。

5　**小規模多機能型居家照顧**　介護保險的服務之一。配合使用者的期望和狀態，自由搭配日間照顧、到府照顧、短期照顧三種服務。屬於「社區集中型服務」（地域密着型サービス）。原則上是該辦事處所在市町村居民可登記使用。一間辦事處可登記的使用者人數最多為二十九位，日間照顧通常是十五位以下，短期照顧為九位以下。

6　**看護小規模多機能型居家照顧**　二〇一二年介護保險服務中新增設的「複合式服務」。在原本小規模多機能型居家照顧中加入「到府看護」的項目，造福那些對醫療行為需求較多，以及狀態不穩定的使用者。二〇一五年的介護報酬改定時改為現行名稱。

按規定，社會福利法人必須擁有建築與土地的所有權，然而這條規定並不適用於衛星式特養之家。所以，支援中心名義上是蓋在當地居民的土地上，再由辛夷園向居民租借。這樣的做法在地主間口耳相傳，因此我們從來不用煩惱沒有土地。

「支援中心」也是社區的一環

山崎　我們現在所在的位置「攝田屋支援中心」也是其中一個據點。這裡是由高田先生設計建造的是嗎？而且高田先生還是土地和房子的所有權人。

高田　這裡原先是打算蓋住家，後來小山先生來找我商量，希望可以在這一帶蓋一間支援中心，於是由我們負責建造，再出租給辛夷園。老實說這塊地原本是要賣的，轉成出租後，金額落差不小。不過現在大家都會說，待在這個社區讓人很放鬆，所以就結果來看是非常好的。

這個名為「復刻微型森林」（リプチの森）的社區裡，包含了支援中心和住家。我從很久以前就有一個心願，希望有一天能打造自己的社區。起因是大約在三十五年前，我受邀參加歐洲七國的建築考察團，那時候擔任團長的是建築師的宮脇檀[7]先生。我們在瑞士參觀了第五工作室的集合住宅[8]。當時我聽到那裡的房子不是建商蓋的，而是建築師們為了打造自己的理想社區，一起集資建造的，內心受到非常大的衝擊。這件事一直留在我心裡，暗自希望有一天也能和他們一樣付諸行動。

後來，攝田屋地區的汽車學校合併搬遷，當時公告了連同投標金額一併公開的土地利用標案，敝公司便提出了一個興建四十八戶住宅和店鋪的計畫，得標之後，從二〇〇七年開始開發。小山先生來找我商量大約是二〇一〇年的事情，那時計畫中的住宅蓋完半數左右，已經有二十五戶家庭在裡面生活了。

山崎　這些居民是在不知道之後會蓋支援中心的情況下買下房子的？

高田　沒錯。所以支援中心的計畫發表後，馬上就有兩位住戶前來關心。當初購屋注意事項中有特別強調，我們的地區計畫裡不只有獨棟住宅，還會加入商店和集合住宅，也就是住商合併的形式，所以這部分是不會有問題的，不過我們還是再跟住戶重新說明了

7　宮脇檀（Miyawaki Mayumi, 1936-1998）　日本建築師。針對日本國內的傳統村落進行設計調查（design survey），調查內容除了其歷史脈絡和景觀，更包含社區整體的運作模式，用以分析村落結構，並活用於住宅區總體規畫。

8　第五工作室（Atelier 5）的集合住宅　又稱為「哈勒社區」（Siedlung Halen）。由瑞士建築設計事務所「第五工作室」於一九五七～一九六一年建造。擁有八十一戶住家和三座露台的集合住宅。位於瑞士首都伯恩的近郊。

一次。

如同珍・雅各[9]所主張的，城鎮規模不用求大，只要裡面的道路彎道平緩，住民包含男女老少，還有各種產業聚集，這種多樣性就是一個城鎮應該具備的要素。此外，以居民角度出發來規畫的社區營造，也是復刻微型森林社區的核心精神之一。然而，在自家社區蓋福利機構還是引起了部分居民的反彈。

住戶的疑慮分成以下四點：車子出入量變多、救護車出入頻繁、有異味、有人在附近逗留徘徊。為此，我們特別召集了住戶，由小山先生一一為大家解答。

「這裡不會有車進出，進出的人不會開車來。」攝田屋支援中心是結合衛星式特養之家和在宅支援型住宅的型態，目前入住的有十戶，其中並沒有開車的人。因為他們的家屬都是住在附近的居民，大家都是走路過來的。

至於救護車，「這點也不用擔心，除了是突發狀況，救護車非必要不會出現。因為我們提供的照顧完善，所以幾乎沒有救護車出動的機會。」小山先生當時這麼解釋。

山崎　跟我們一般預期的相反呢。

高田　再來是味道。「各位家裡如果有異味會怎麼做？」「把窗戶打開。」「我們的工作人員也會這麼做的，所以大家不用擔心味道的部分。」

山崎　像我們這樣實際進到屋子裡，就會發現根本沒有味道呢。

高田　小山先生說過，一般其實都不會有味道的。最後是有人逗留的問題，沒想到小山先生的回答居然是：「雖然這話不方便說出來，但學區內早就有一百或兩百個在那裡徘徊逗留的人了。（笑）」

就這樣，我們在那場說明會上成功地和住戶們重新交涉，幸好最後成功地獲得了大家的支持。

不是蓋養老院，而是打造一個家

山崎　一般來說，不太可能在已經有住戶的地方新設福利機構吧。

高田　這裡倒是進行得很順利。因為有事先跟住戶溝通，表明我們不是要蓋養老院，而

9　珍·雅各（Jane Jacobs, 1916-2006）　美國紀實寫作作家、記者。著作《偉大城市的誕生與衰亡：美國都市街道生活的啟發》（一九六一）、《與珍雅各邊走邊聊城市經濟學：城市，是經濟發展的溫床》（一九八六），影響之後都市計畫和建築研究極為深遠。她主張一個能安心居住並且有活力的都市，必須擁有多元、細膩的多樣性，而孕育多樣性有「四個條件」：混合使用、小街廓、舊建築，以及密集的人口，缺一不可。

是打造一個家，讓這些長輩可以回到熟悉的地方。「他們不是其他人，是你們的爸爸、媽媽、爺爺或奶奶要重新回來住而已，沒有什麼特別的。」舉一個淺顯易懂的例子，就是房子外面並沒有掛招牌。

吉井　沒錯沒錯。在支援中心，每戶住房雖然都有門牌，但並不會掛招牌。曾經有家屬反應沒有招牌不好找，我們會反問他說「您家裡有掛招牌嗎？」用這樣的回應來婉拒他的要求。一般人住的房子，有的有門牌，但沒看過有掛招牌的吧？

高田　我還遇過好幾個計程車司機說長得太像住家，一不小心就迷路了。這也不讓人怠到意外。

山崎　其他支援中心也沒有招牌嗎？

吉井　沒有。只有一間市區的支援中心有掛辛夷園營業項目的招牌。

山崎　原來如此。風格很明確呢。

高田　每次著手設計的時候，小山先生一定會再次提醒：「我們是要蓋養老院，還是要蓋一個家？」

吉井　打造一個家是我們的理念。二〇〇六年介護保險制度修改時，將照護體制從原本的大型集中式，改成在地生活支援的模式。其中一個很大的轉變是，機構裡的餐費和住宿費原則上都要自行負擔，跟繳房租的概念一樣。既然使用者必須繳房租，當然會想要住在理想的環境。單人房肯定會比四人房理想；比起郊區，當然還是住在家附近好。如此一來，我們勢必得朝著這個方向去提升居住品質。

從前辛夷園每位住戶的平均生活空間為八點二五平方公尺；而支援中心因為全部是單間住房，所以可以達到十六～十九平方公尺，相當寬敞。房間內有床、空調和廁所，我們還請住戶把自己習慣的傢俱從家裡帶來，布置成跟自家一樣舒適的擺設，完全看不出來是特養之家。

日本特養之家的四人房是以醫院為雛形設計的，所以來探訪的人都是彎下腰和長輩說完話就匆匆離開，並不是一個可以悠閒聊天的空間。自從改為單人房，再請他們擺放慣用的椅子或餐桌後，就搖身一變成了「自己的房間」。當家人來訪的時候可以一起吃飯什麼的，爺爺奶奶的房間好像只是在離家不遠處的感覺。

當然，探訪時間也不受限制。以往特養之家的做法通常是，來探視的家屬要先到辦公室登記身分和探訪目的，然而因為我們想讓這裡的氣氛更貼近一般生活，便把這項規定取消了。仔細想想，我們去朋友家的公寓或大樓拜訪時，也不需要跟警衛報備對吧。我們還把辦公室設計得比較小間，變成像飯店櫃檯那樣的形式。

另外，攝田屋支援中心這裡的特色是，住房門口不只掛上門牌，還增設了玄關。除了重症患者的房間鑰匙由我們保管，其餘住戶原則上在入住的時候就會把鑰匙交給家屬，所以不用一一透過職員也可以自由進出。如同剛才提到的中心門口不掛招牌，我們很努力地在硬體面和軟體面，都讓人感覺像家一般地舒適。

山崎　那附近居民現在的反應如何呢？

高田　沒有出現什麼問題。支援中心因為夏天冷氣很涼、冬天暖氣很溫暖，小朋友們下課後都會過來玩，也會陪長輩們聊聊天呢。

從「自己要住」的角度思考

山崎　這裡的住宅區再過二十年就會變成精華地帶吧，因為能住在支援中心旁邊，萬一發生什麼事情馬上有人會來協助。就近就可以得到三百六十五天、二十四小時的照顧。我認為社區居民們再過二十年就更能體會到住在這裡的好處。雖然從三十五歲～四十歲開始，必須繳二十、三十年的貸款買房子，但是等到五十歲～六十歲的時候，就會非常慶幸自己住在機能這麼完善的地方。

吉井　如果把整個社區比喻成照顧機構的話，那麼支援中心就是有護士和看護的護理站，街道是走廊，每一戶住家就是房間。不管哪間支援中心都是這樣的形式。我想這會變成在地整體照顧系統的其中一種模式。

山崎　聽起來太棒了。

高田　這是辛夷園花了很長的時間摸索出來的方法。

山崎　換個角度想，以整個社區為單位進行的方式有沒有什麼困難之處？比如說成本，傳統機構的成本效益應該比較好吧。

吉井　成本效益持續惡化中（笑）。接下來，人力應該會是一個問題，我認為解決辦法是必須採用一個法人負責一個區域的「在地整體報酬制度」（地域包括報酬制度）。跟指定管理者制度一樣，評選法人時也採用審查提案的方式，加入使用者和家屬的意見；如果做不好，要換掉也可以。

目前同一個區域內會有好幾個法人，各自都有營運部門，又必須遵守人力配置的規定，有些浪費資源。

高田　如果按照您說的方式執行，對政府來說也有好處吧。

吉井　最近有不少人希望能「由合作改為整合」，既然要打造在地整體照顧系統，勢必是要朝整合的方向前進。我覺得剛才提到的構想，可以說是整合的終極目標。

山崎　以往的合作模式雖然也有很多好處，但也有效率不彰的問題。

高田先生您覺得辛夷園這樣的營運模式怎麼樣？不光是指硬體的部分，而是整個構想。比如說社區街道可以看成是照顧機構的走廊，還有用平板電腦取代呼叫鈴等等，這種把社區比擬成照顧機構的比喻，很像我們建築界常使用的隱喻[10]說法。

高田　您說的沒錯。或者也可以用幾何學裡的碎形[11]概念來比喻。其實這樣的模式對我來說，已經是很稀鬆平常的了。

不過辛夷園讓我最有共鳴的理念是去思考「人的歸屬是什麼」。不是用規畫者的眼光，而是用住在裡面的人的視線高度去設計，所以視線會放得很低。一般這種做法的成本都很高昂。

山崎　的確是。

高田　從規畫者的視線高度去設計時花不了什麼錢的地方，一旦用使用者的視線去看，就突然多了很多細節必須考量。雖然小山先生都會說這很理所當然。

吉井　的確是呢。我們其實沒有想要做什麼創新的事，就是做著理所當然的事情而已。還有一點，就是時時站在使用者的立場來考慮：「如果是自己要用的話，會想要怎麼樣的設計？」

山崎　不是以機構管理者的角度，而是從使用者的角度來設想。所以高田先生應該是跟小山先生氣味相投，才會合作那麼多次吧。

高田　小山先生老是把「再大一點、再便宜一點」掛在嘴邊，其實也是為了使用者著想。高級療養院隨處可見，但他真正想蓋的是可以讓最困苦的人也能入住的地方。雖然身為設計師，被要求住宿費[12]要壓在三萬日圓以下的時候還是挺煩惱的。

吉井　因為建築成本會反映在日後使用者自付的住宿費裡，所以這點無法妥協。

山崎　這麼做是對的。因為建築師常常為了設計出理想的空間，會不自覺地一點一點疊高成本，讓施工費用變得很高昂。還有一點，設計費占了總施工費的一成，所以施工費越高，建築師的收入也越多。當有這層利害關係的時候，就會產生花大錢蓋出奇特房子的現象。

10 隱喻（metaphor）欲表現（A）的時候，用別的字彙（B）或物體（C），來暗示（A）的特徵的手法。例如「時間就是金錢」。近年來不只作為一種表現手段，還有「透過某些事情來體驗、理解」的意思。

11 碎形（fractal）為幾何學的概念。意指每一部分都近似整體縮小後的形狀，即具有自相似的性質。

12 住宿費（hotel cost）住房費用（房租、水電費）和餐費。

所以，如果有像小山先生這樣的人在建築師耳邊督促「儘量蓋便宜一點」這種有點勉強的要求，反而會刺激更棒的靈感誕生。

把能做的事向外擴展到社區

山崎　我們談到現在幾乎都把重點放在機構本身，不過我知道辛夷園同時也很重視走進社區對嗎？也就是社區的一般住家也可以使用三百六十五天、二十四小時的照顧服務。其實我們的許多案子裡也有類似的概念。

舉例來說，在長崎縣的五島列島中有一個叫作「半泊」的小村落，在五島列島的福江島中是個相較之下比較不方便的村落。這裡原本是隱匿基督徒（隠れキリシタン）村，現在已經變成人口稀少的「限界集落」。曾經住著五十戶人家的半泊村，近五十年內人口逐漸外流，目前只剩下五戶住家，總共九位居民而已。四戶是在地居民、一戶是最近移居至此的夫妻。

在地居民全部都是七十歲以上的長輩，其中又分為隱匿基督徒和天主教徒，兩邊因為稱不上感情和睦，所以沒辦法團結起來，一起做點什麼事。另一方面，剛移居進來的五十幾歲夫妻，太太出身五島列島，先生則是東京人。他們是得知五島市在招募入住當地，同時協助復甦村落的消息，而決定搬過來。

夫妻兩人將舊校舍翻新成住處，同時希望召集村民們一起利用這個空間做點什麼。然而，因為居民間感情不好，無論他們怎麼向其他四戶人家搭話，都得不到回應。無計可施的夫妻兩人只好找公家單位商量，於是便有了 studio-L 介入協助。

他們打算利用舊校舍土地，邀請觀光客到當地體驗自然行程。周圍的山和田野因為居民們照顧不來而處於荒廢狀態，那對夫妻便想到，可以利用漂亮的港灣和山水來舉辦生態旅遊。以十人為單位，讓旅人們過上一週「半泊生活」，深度體驗當地生態。

除了校舍的一部分是夫妻兩人的生活空間，其他教室如果整理成旅宿空間想必會很受歡迎，不過卻面臨只有五張床，床位不足的問題。當我們的團隊進去時，其中一位居民便說：「我家有很多空房間，如果上廁所、洗澡和用餐都可以在校舍解決，就讓客人來我這裡的空房睡覺吧。」換句話說，村裡的道路就是「旅館的走廊」，居民的房子便是「旅館客房」。此話一出，其他三戶人家也紛紛表示可以出借自家房間。所以目前的型態就是，把居民家的空房當成旅館客房，用餐和洗澡則在校舍解決。

高田　只要觀光發展起來就會有住宿不足的問題。這就是民宿的前身哪。

山崎　我認為這和辛夷園非常相似。不用蓋大飯店或旅館，只要把其中需要的機能縮小，其餘仰賴社區機能即可。原來同樣的概念也可以應用在照顧機構上，實在讓人大開眼界。

我認識的一位建築師岡昇平先生，正在香川縣高松市進行「街區旅館」（まちぐるみ旅館）的計畫。就職於「MIKAN」[13]建築設計事務所的岡先生回到老家高松後，爸媽決定要買下有機會挖出溫泉的土地，後來也真的挖到溫泉了。這成為他的處女作，稱為「佛生山溫泉」（仏生山溫泉）。看起來帶有一點時髦感，很有MIKAN的設計風格。

雖然岡先生的本業是建築師，但是他們事務所的員工現在也會在溫泉工作，並把佛生山這裡的空房子翻新成一間一間的客房，用街道串連成旅館。洗澡的時候到溫泉區，肚子餓的時候街區裡也有很多餐廳可以選擇。等於是讓佛生山整個小鎮搖身一變，變成旅館的計畫。

吉井　把地方看成是旅館，而不是公共設施的概念。

山崎　背後還有另外一個考量，就是希望把這個地方打造成讓當地三十幾歲的年輕人可以一直住到四、五十年後的小鎮。比如說，即使變成老年人，還可以去麵包店訂製自己想吃的麵包；即使年紀大了，也會希望鎮上有間可以讓老年男性一個人自在走進去的咖啡店。那麼不如在現有的咖啡店擺放書籍和報紙，讓男性有個踏進咖啡店的藉口等等。

現年四十二歲的岡先生，三、四十年後也會變成老年人，或許「街區旅館」不久之後也會變得像辛夷園一樣吧。

吉井　小山先生也會說：「假如是自己要用的話該怎麼做？」不為別人而是為了自己，是一樣的道理呢。

為了聽到「住在那裡也可以」這句話

山崎　辛夷園創造了居家照顧和支援中心這樣的體制。那麼，你們是怎麼去接觸身體沒有病痛的社區居民呢？

吉井　一般人普遍容易對養老之家或福利機構抱有負面印象，大家的想法都是儘量能不住就不住。所以為了讓居民一旦需要住進來的時候不要有抗拒心理，我們必須從平時就

13 **MIKAN Architects**　神奈川縣橫濱市的建築設計事務所。代表作有「愛・地球博記念公園 TOYOTA 博物館」（愛知縣）、「丸屋花園百貨整修」（鹿兒島縣）、「mAAch ecute 神田萬世橋」（東京都）等等。

要努力和當地居民交流，讓他們知道老後的選擇其實有很多可能性。另外我們也特別在室內裝潢和擺飾費了一番工夫，避免讓整體印象看起來幼稚，因為如果是我們自己要住的話，布置成這樣也會覺得不舒服吧。

除此之外，支援中心也積極邀請當地居民來當志工。除了居民未來可能會使用支援中心的服務，也希望讓他們消除對福利機構的刻板印象，從平時就開始習慣中心的氣氛，以及了解這裡並不是只要動口不動手，是可以保有自己的主體意識的地方。

志工的職責雖然只是制式的打掃和對話，不過值勤時間是隨時想來就來，想離開就離開，有一種讓大家隨意來這裡喝茶的感覺。所以他們很容易不知不覺地把工作做完後，又聊了天還洗了碗。我們希望從平時就讓居民把支援中心當作社會資源來利用。

山崎　你們是怎麼招募志工的呢？

吉井　靠口耳相傳。他們都是從我們的住戶或其他志工那邊聽到的。

高田　還有八十幾歲的居民會說出「以後我老了也要麻煩你們照顧了」這種精神年齡和實際年齡有差距的話。看來，身為照顧人的那一方，都覺得自己會一直年輕下去。所以不斷有長輩來當志工，算起來平均年齡是七十七歲，每個人動作都很俐落。

吉井　可能有很多年紀大但身體還很健康的長輩，因為待在家也沒事做，要就業也很困難，所以會想來當志工。一方面維繫跟鄰里的關係，同時還可以保持健康。

高田　人類雖然有很多種欲望，但是本能上想要幫助他人這件事，應該是我們最強大的欲望了。所以如果可以在這個地方，透過這樣的方式，讓更多人找到自己存在意義的話，是最理想的。

山崎　這也是走出機構，把活動範圍擴展到社區的好處吧。如果是大型照護機構的確會讓人卻步。但是看到像支援中心這樣隨時都有人自由進出，中心的員工也時常在社區走動，就比較容易讓人卸下心防，拉近距離。

吉井　我們在每一家支援中心都會舉辦照護和體操課程之類的活動，這些也是跟地方建立關係的重要手段。其他還有「橘色咖啡」（オレンジカフェ）[14]，或是關於用藥的講座，也是為了更多關心失智症議題的人舉辦的。

高田　甚至還會請醫療專家來跟大家談談疾病的成因這種很有趣的主題。

山崎　看來中心的角色很多元呢。

14　橘色咖啡（orange cafe）又稱為「失智症咖啡」或「D咖啡」。讓失智症患者及家屬、醫療和照護從業人員聚在一起，邊茶敘邊輕鬆談天的場合。二〇一五年厚生勞動省發表的「失智症施策推進綜合戰略——對老年失智更友善的地區營造」（新橘色計畫）中，也呼籲應儘快設立及推廣橘色咖啡的制度。

吉井　因為除了護理師，支援中心還有其他專業人員，所以我們之後的目標是變成地方中的社福據點來推廣社福教育，以及擔任諮詢顧問的角色。

山崎　既然支援中心幾乎在各國中校區都有據點，那麼你們和在地整體支援中心（地域包括支援センター）[15]之間的關係又是什麼？

吉井　我們有兩家支援中心接受長岡市政府委託，成立在地整體支援中心。另外我們也會出席地方照護會議（地域ケア会議），與負責主導的在地整體支援中心交換情報。平時若有需要，我們會和在地整體支援中心建立溝通管道，互通有無。有時也會接受他們委託的案子，畢竟我們中心對使用者來說距離比較近，不必再特地跑到在地整體支援中心去諮詢。

像支援中心這種社區集中型機構，必須兩個月開一次「營運推動會議」。出席人員包括本地醫師和居民，會後再請居民把討論事項帶回去社區委員會。另外像是實習生們也常常出席會議，他們的角色類似監察員，提供第三方意見。

山崎　看起來有各式各樣的人在這裡出入，所以才更要注意整體環境的設計和應對的成熟度吧。

吉井　應對不好也會被投訴呀。

高田 其實也不光是支援中心主導，有時候中心也會參加地方舉辦的文化祭典之類的活動。因為攝田屋地區的社區委員長很積極地跟不同領域的人交流，所以社區活動舉辦的非常頻繁。當初蓋這間支援中心的時候，我們也交換了很多意見，現在也一起投入地方振興的事業。

經歷了這些過程之後，支援中心好像就變成了一個很自然的存在。我認為這種形式的社區是為了呼應時代和地區的需求而誕生的，是必然的演變，絕非偶然。

山崎 辛夷園的員工之前應該也有待過別的機構吧，很好奇他們在這裡工作的感想。會不會在這裡的「正常」，在一般人眼中看起來是「異常」呢？

吉井 的確有部分是。只是會從其他機構轉職到我們這裡的員工，幾乎都是對辛夷園的理念有共鳴的人。因為對以往的照護理論產生疑問或不滿，才會選擇辛夷園吧。也有不少人是想要進來學社區集中型服務，或是在地整體照顧制度的。

15 **在地整體支援中心** 二〇〇五年《介護保險法》修正時，日本全國區市町村設置的整體諮詢窗口。業務內容包含地方照護、社會福利、醫療相關之事項。中心內有公衛護理師、社工師、主任照顧管理師（ケアマネージャー）駐點，協助居民諮詢、支援事項、照護預防管理（介護予防ケアマネージメント），以及支援相關業者的照護管理、合作等等。市町村或受委託的法人（在宅照護支援中心等）有設置的權限。

高田　支援中心剛開幕的時候，小山先生在這裡舉辦了說明會。那時來參加的某福利機構的人聽了說明之後，認為這才是真正的照護就跳槽過來了。

吉井　從辛夷園離職的員工反而不多，大部分都是因為結婚辭職的。如果別的地方待遇好很多的話應該會有人跳槽吧，但是我們跟外面的薪水其實差不了多少。

要舉一百個做不到的理由，還是找到一件可以做的事

山崎　聽說有些人來參觀之後會說：「雖然這樣的體制很棒，但對我們來說太難執行了。」那些人認為的困難點是什麼？

吉井　如果小山先生還在的話，應該會說只是因為沒有心而已。連長岡的一介偏鄉機構長都辦得到，其他人沒有理由辦不到，只是不想做而已。

高田　說這些話的人裡面也有程度之分。下定決心而且真的付諸行動的人、下定決心但沒有行動的人，以及沒辦法下決心的人。

山崎　還有只會說做不到的理由的人（笑）。

吉井　「舉一百個做不到的理由很簡單，如果有時間想那一百個理由，還不如想想一件

可以做的事。」小山先生常常跟員工這麼說。沒有錢、沒有人力、沒有這個、沒有那個，辦不到的理由要多少有多少。但是只要認真去思考一件可以做的事情，就會發現其實不是做不到。

山崎 的確。看用什麼方法而已。

吉井 我們都已經在做了，不會做不到的。

山崎 之前有聽說，小山先生生前寄給朋友的信裡面有提到，自己能跟一群優秀的夥伴一起共事很幸福，還說到：「我們是一個一邊訴說理想，一邊為赤字煩惱的團體。」大意是說這邊聚集了一群想做正確的事的夥伴，一路上大家絞盡腦汁想辦法籌措經費，就這樣撐過來了。所以我認為，只要有這樣的覺悟，就沒有辦不到的事。認為做不到的理由可能是錢哪、人力啊，或者制度等等的問題，但是這些絕對不是沒辦法克服的。辛夷園也是一個一個克服過來了。

吉井 重點是不從營運的角度去想，而是不斷地問，怎麼樣對使用者是最好的。

山崎 在這層意義上，還真希望已經去世的小山先生可以再活得久一點，如果得到失智症之類的就可以住在這裡了。畢竟就是為了自己設計的啊。活到八、九十歲，得意地說著：「這裡環境真的不錯耶，是誰蓋的啊？（笑）」

高田　小山先生臨終前是在家裡度過的吧。

吉井　沒錯，他說到做到了。

高田　小山先生非常愛喝酒，我們之前也一起喝過好幾次。他就算喝醉了都還會嚷嚷：「如果是為了賺錢，就不要來搞福利機構，不要搞錯了！」所以當他再次交代我該做什麼的時候，我也因為醉意只能點頭答應。現在回想起來，是小山先生教會我什麼是社會福利從業者的使命感。那真是一段非常開心的旅程哪。

吉井　是啊。

高田　他常說，不為誰就為自己，自己就是使用者。這非常了不起，小山先生某種程度上可以說是「愛的化身」啊。我也是受到「小山主義」薰陶而投入社會福利事業的。剛開始我拿著設計圖去找他的時候，還被退了。「這樣跟一般機構有什麼不一樣！」沒想到當初的辛夷園，現在已經變成日本在地整體照顧的先驅了，真是不可思議。

吉井　因為他的志向跟藍圖很遠大啊。

山崎　或許政府單位也在跟小山先生互動的過程中，慢慢受到他的影響而改變想法，才會有後來向中央爭取特區結構改革事業等等的計畫吧。要在各地進行這樣的計畫，也要先獲得地方政府的理解才行。

社區裡不需要有界線

山崎　原本一個地區裡住著各種人是很正常的。福祉三法[16]和福祉六法通過之後，才有了資金，蓋了福利機構讓有需要的人住進去，是這樣的歷史背景。所以「因為家人沒辦法照顧才送到療養院」這件事，某種程度上是時代的必然發展，現在要再把老年人送回家也不是那麼容易的事。所以與其說「送回家」，不如說是「送回社區」。如此一來，就會需要像支援中心這樣的角色。我覺得這樣的演變是很好的。

一個地區原本就會有年輕人、老人、健康的人和身心障礙的人。您是怎麼看待這種多樣化的意義？

吉井　我覺得很平常，是人活著時再尋常不過的風景。

山崎　具體來說，大型特養之家的模式是如何不尋常？因為自己沒有經歷過，只能靠想像來推測特養之家的四人房有哪裡不對勁。

16　福祉三法（六法）一九五〇年代制訂的《生活保護法》、《兒童福祉法》、《身體障礙者福祉法》，稱為「福祉三法」。而後於一九六〇年代追加《智能障礙者福祉法》、《老人福祉法》、《母子及寡婦福祉法》，統稱為「福祉六法」。至此，日本社會福利制度始臻完備。

吉井　應該是生活感的部分。大型特養之家的住戶回到地方後，都會感嘆終於回到熟悉的日常風景。因為有一些因素導致不是每個人都可以回到自己家裡，但至少可以回到習慣的地區，離家人近一點，距離上和物理上都能獲得安全感，進而影響到當事人的生存意願。

高田　不過，我之前聽過一個反面例子。聽說有位住在支援中心的人，因為離家很近所以常常回家。聽起來滿好的，不過後來家屬因此沒辦法工作，結果反而把長輩送到更遠的機構。雖然這是體諒家屬的做法，但長輩也是因為離家很近才會那麼開心的啊……

吉井　介護保險制度已經從原本的「安置」改為「契約」的形式。本來的用意就是不要讓家屬獨自負擔照顧的責任，而是讓整個社會一起承擔，也就是「照護的社會化」（介護の社会化），因為是整個社會分擔才變成保險的形式。但是聽了高田先生剛才提到的例子，我覺得這個制度目前仍然處在為家屬服務的階段，被照顧的人還是無法表達自己的意見。

山崎　剛才的例子的確反映了這個事實。

吉井　我認為支援中心的構想或是特養之家的分散化，都是小山先生為了實踐介護保險的宗旨。

高田　小山先生說過：「這世界上是沒有待機老人的（譯註：希望能住進特養之家，卻因無空位無法入住的老年人）。」通常在等待（床位）的都是家屬，而不是當事人。所以介護保險原本的設計應該是要由當事人自行申請，然而本人申請的人數卻是零。

吉井　也就是說並不是當事人自己的意願。

高田　我聽到他這麼一說才恍然大悟。

吉井　這件事不能輕易歸納出「特養之家不好」或是「以後不需要特養之家」的結論。即便是特養之家也要自行負擔住房費用，所以應該要選擇住宿環境佳、離家近的地方。選項變多對使用者來說是一件好事，不是說家裡沒辦法照顧，就立刻送到遙遠、集中管理型的大型特養之家，現在已經不是那樣的時代了。

小山先生常說：「特養之家也好，福利機構也罷，只要能多一點選擇，讓人可以找到符合自己理想的生活方式就好。」

高田　沒錯，不需要分得那麼清楚。我們需要保留一些灰色地帶，不需要用黑白分明的界線來區分。人的內心其實有很多東西是沒有辦法分得那麼開的。

吉井　希望每一位居民都能夠好好想想，自己年紀大了之後想要過什麼樣的生活，怎麼度過臨終時刻。而我們想做的，就是在地區中為大家提供各種選擇。

山崎　超長壽時代的社區營造，看來是由很多種不同要素所組成的呢。老年人想要什麼樣的生活方式，家人想要如何跟老人家一起生活，社區居民的想法又是如何。有了初步的想法後，再接著思考當地需要哪些社會福利。因為「有一天我也會老」，所以最重要的是，「到時候自己想要住在什麼樣的地方」的想像力。今天非常謝謝兩位。

〈二〇一五年十一月二十六日，新潟縣長岡市，記錄於攝田屋支援中心〉

2　誰來照顧社區？

花戶貴司さん
東近江市永源寺診所 所長／醫師
×
北川憲司さん
滋賀地方自治研究中心 理事

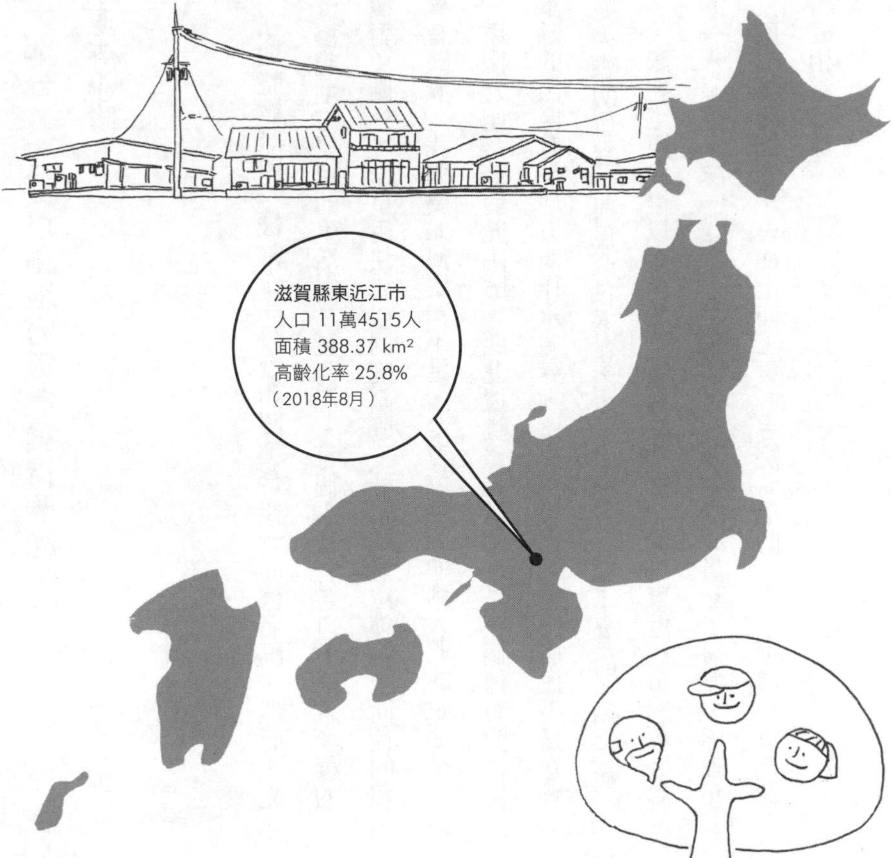

照護是社區機能的一部分，方得以讓地方整體獲得照顧。

魅知普請創集會及永源寺小隊

曾經有一段時間，「在地整體照顧」被當作「醫療和照護合作」的代名詞。然而，光憑醫療和照護，就足夠支撐起地方居民的生活嗎？更何況，每個人都有各自不同且多樣的生活課題。無論是用支援對象劃分，還是用法律或制度劃分，社區都無法獲得全面性的照顧，制度再怎麼訂定都會有缺漏。我們要如何填補不足，全方位地照顧到人們的生活？

滋賀縣的東近江市，東南邊座落著鈴鹿山脈、西北邊眺望琵琶湖，是一個擁有豐富自然資源的地區。緊鄰三重縣的山區有個地方叫作永源寺，這裡有將近五成的居民不是在醫院，而是在自己家中走完人生的旅程。與現今日本在宅臨終不到百分之十五的比例相較，這是一個相當驚人的數字。讓在宅臨終得以在該地區實現的功臣，便是東近江市永源寺診所的花戶貴司醫師成立的「永源寺小隊」（チーム永源寺）。其中的成員除了醫療、照護和社會福利的專家，還有家屬、街坊鄰居，再加上商工會、寺院、消防、志工團體，以及社區營造團體等等，成員組成相當多樣。

永源寺地區一望無際的鄉村風光。

永源寺小隊的發展背景是遍及東近江市全區的居民活動網絡。在這裡，不分正職或志工，人們跨越職種和領域相互連結，利用地方資源解決地方面臨的課題。這個體制從一九八〇年代開始逐步建立，主導的不是政府或大型組織，而是一群意識到地方問題，還有出於興趣而自發行動的居民，一個牽一個，自然組成的社群網絡。他們替自己取名為「魅知普請創集會」（魅知普請の創寄り），並製作出「東近江魅知普請曼陀羅」（東近江　魅知普請曼荼羅）圖，記載各自的活動內容和核心人物。二〇一八年，這個計有一九六人、五十一個團體的小宇宙，還在持續擴大當中。

可一覽東近江市內，食物、能源、照護等多樣化的自給自足主體，同時詳細刊載了團體名稱、據點、核心人物姓名和活動內容，將活動及人的連結可視化。刊載原則有三點：一、不依賴公家單位；二、正向思考；三、明白攜手合作的樂趣。越接近右上方的「生業」，代表偏向事業體制；越接近左下方的「志工」，代表志工性質較強。

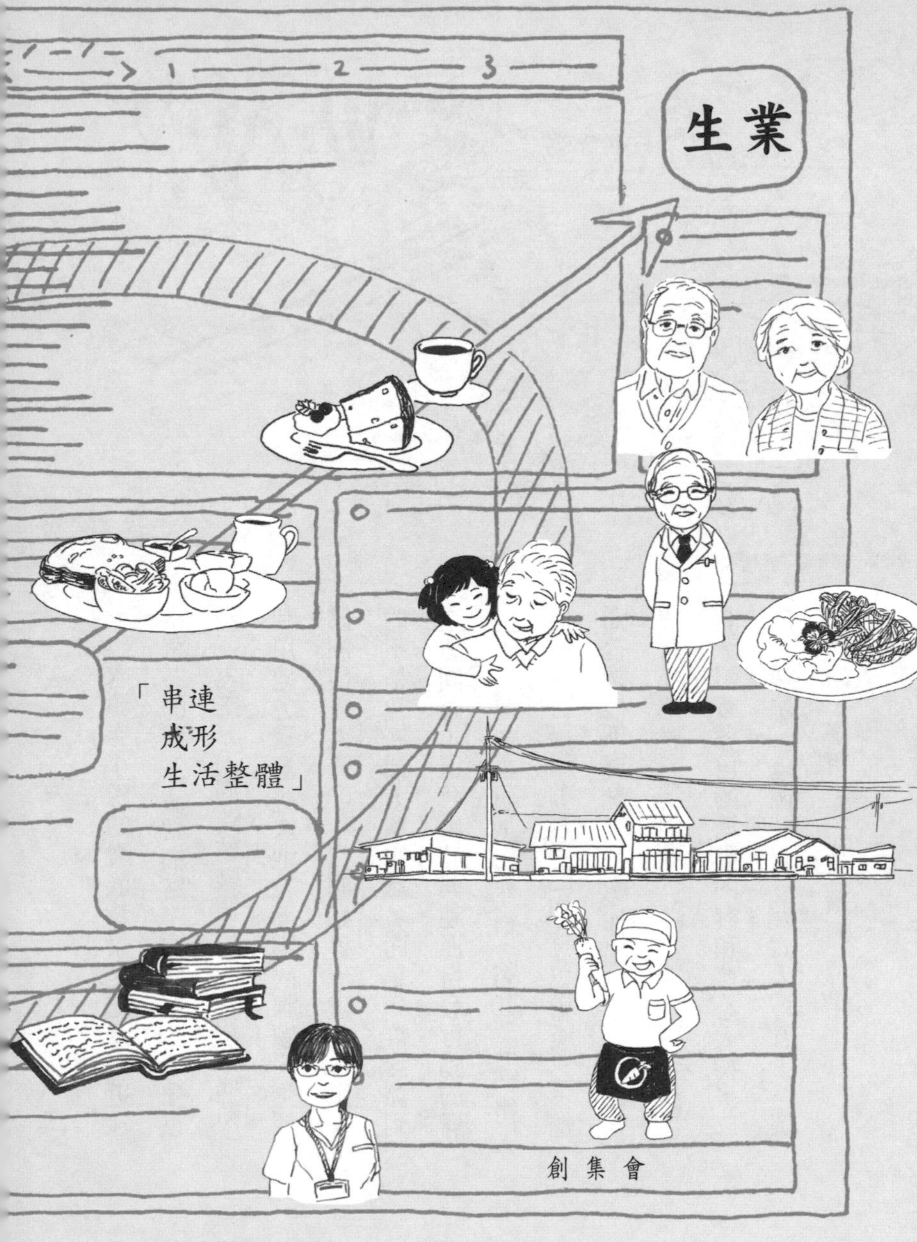

圖｜一覽東近江市居民活動的「東近江魅知普請曼陀羅」

花戸貴司 (Hanato Takashi)

1970年出生於滋賀縣。東近江市永源寺診所所長。1995年自治醫科大學畢業。歷經大學附設醫院以及琵琶湖北部的偏鄉地區醫院後，2000年就任永源寺診所所長。他雖然是個小兒科醫師，然而為在地居民服務的過程中，替老年人看診的次數逐漸超過兒童；為了滿足多數患者在自家臨終的期待，故增加在宅臨終照護的服務。目前該地區中約有半數的人選擇在自己家中走完人生最後一程。合著作品有《如果吃不下飯了怎麼辦？永源寺的整體地方照顧》(ご飯が食べられなくなったらどうしますか？－永源寺の地域まるごとケア，暫譯，農文協)等。

北川憲司 (Kitagawa Kenji)

1948年出生於滋賀縣。滋賀地方自治研究中心理事。1972年立命館大學畢業後，進入JA(全國農業協同組合)的關係企業。其後就職於滋賀縣，負責土地收購，同時也從事環境保護、地區醫療、社會福利事業及社區營造等活動。他在介護保險制度創建時，調動至彥根保健所，在縣內各自治體擔任介護保險關聯體制建構的支援顧問，退休後繼續從事縣內各自治體的地方支援活動。目前希望可以開發及串聯退休男性和育兒女性人才，進行地方活動。

結合各領域人才的「東近江魅知普請曼陀羅」

山崎　今天我們邀請到在東近江市串連各式活動和人物的北川憲司先生，以及於市內的永源寺地區負責醫療活動的花戸貴司先生。

東近江市從一九八〇年代開始，一直到現在，都有很多的居民活動與企業及政府合作，打造出環保、食物、照護的自給自足體制。他們還製作了「東近江魅知普請曼陀羅」圖，上面詳細記載了每個活動和其中的核心人物。可以跟我們分享當初是怎麼製作這張圖的嗎？

北川　其實這張圖不是我做的，製作這張圖的是「魅知普請創集會」中的成員。這個組織開始於二〇〇五年，那時我生長的舊八日市市與周邊城鎮合併成東近江市，可是合併之後，公家單位跟居民都抱怨連連。不過後來大家決定，既然都合併了，就應該想想怎麼做才會變得更好。

當時我是以縣府職員的身分被派遣到東近江市的。我把四散在這幾個城鎮中、不同領域的有趣人才聚集在一起，互相激盪各種想法，產生了一些化學變化。後來有人提議，不如把這些東西圖像化吧，於是就由其中一位成員——「油菜花環保計畫」（菜の花エコ

プロジェクト）[1]的野村正次先生幫忙統整成圖像。從最初的五、六項活動，逐漸形成現在的曼陀羅形狀。

山崎　「魅知普請創集會」現在還在持續活動對嗎。這張曼陀羅圖中也可以看到有像花戶先生這樣的醫療人員加入，主導「愛東福利商場」（あいとうふくしモール）[2]這類活動。花戶先生本身是以醫師的身分被調派到東近江市的，您怎麼看待北川先生他們的活動？

花戶　不管在哪裡，都會有一群從事地方活動的人。但是如果要跨領域合作，除了沒有共通的語言很難互相理解，都是不認識的陌生臉孔也是一個問題。所以我覺得像這樣串連各領域的人是非常有意義的事。

舉一個例子。以前有個年輕人來診所看病，我問他平時是做什麼的，他回答「什麼也沒做」。他好像是用身心障礙者的名額在一般企業工作，壓力太大的關係，時常請假，在那次之後偶爾也會因為身體不適前來看診。雖然我稍微看一下就可以總結是身體狀況不佳，但因為有認識的人在市內從事就業支援活動，便跟他探聽了一下實際情況。

之後我跟那位患者提議，要不要換到一個更適合他的職場。結果他換到就業服務站上班，整個人變得有精神，身體的不舒服也消失了。我覺得這是一個很好的例子，證明人與人之間建立關係，會讓人際支援網絡向外擴大。

山崎　人與人的連結擁有替人打氣的力量。不過要建立人際連結，光靠醫療人員的力量是不夠的吧。

花戸　沒錯。也要靠像北川先生他們這樣的人幫忙牽線。

1　油菜花環保計畫　琵琶湖汙染事件發生後，由市民發起的與環境、能源、食物相關的計畫，源起於一九八一年，舊愛東町（現為東近江市愛東地區）市民進行的廢棄食用油回收再製肥皂運動。後因肥皂使用率低，又受到德國人以菜籽油作為替代燃料的計畫啟發，故轉往能源自立、農業與環境問題的方向發展。從油菜花的栽培、菜籽油的生產、廢棄食用油的回收，再到生質柴油的製造，轉型為資源循環型的計畫。目前與觀光產業、教育，以及身心障礙者福利等領域合作。這套體制現已落實於日本全國各地。

2　愛東福利商場　區域醫療、照護以及社福據點，同時也是社區居民的休閒場所。魅知普請創集會的行動之一，創建構想來自「從區域思考醫療福利懇談會」。為了打造老年人和身心障礙者能安心居住的區域，商場內設有到府看護暨照護中心、居家照護事業所、老人日間照顧中心、支持身心障礙者就業的咖啡廳及烘焙坊。燃料供給來自身心障礙者與老年人的里山保全活動劈砍的薪柴。同時也販售木工藝術品，以及油菜花環保計畫中製造的菜籽油。

串起人與人之間的關係，百分之九十的工作都會順利

山崎　首先，我想先從讓人們建立起連結的北川先生的背景開始談好嗎？

北川　我以前是滋賀縣縣廳的職員，工作以外的時間則是參與圖書館建造，以及與環境相關的里山保存[3]、綠色投資[4]等活動，完全跟社會福利扯不上關係。在縣廳工作的時候主要負責土地收購，十幾年來一直做著類似國土交通省業務的工作。土地收購這工作啊，基本上就是得在「客場」決勝負。

山崎　因為必須衝鋒陷陣。

北川　沒錯。不過也是多虧了這個經驗，讓我更能理解人與人的關係，還學會了識人的能力。如果少了這個經歷，我想我根本做不來現在在做的事。

另外，大學時代的經驗應該也有很大的影響。那時候是東大鬥爭和京大鬥爭正吵得火熱的時期，幾乎沒有盡到學生的本分（笑）。雖然當時我上的是京都的大學，但因為需要頻繁跟各校的人來往溝通，還是必須看清楚人際或者是權力鬥爭的關係。那時候學到的技巧現在再度派上用場。簡單來說就是「巧言令色」的能力，說好聽點就是要有「人間力」吧。

山崎　所以是大學時期奠定了基礎。您是畢業之後就馬上成為公務員嗎？

北川　倒沒那麼快。我一開始是在民間公司工作，在JA（全國農業協同組合）的關係企業待了一陣子，之後再轉換到公務員的跑道。那時候對公務員的印象就是戴著黑色袖套做一些文書工作，會選擇公務員也是因為接下來想要過安靜平穩的人生吧。不過這種好運大約在我三十歲左右的時候就用光了，那時朋友請我去協助他做一些政策相關的資料。到頭來，還是回到學生時代那種四處奔走的生活。

把年輕時學的功夫再拿出來用之後，才發現周圍都是學生時代跟我過著差不多生活的同一世代。三十～四十歲的十年間，我們這群人每個月都會舉辦一次讀書會，讓各種不同領域的人參加，十年共累計了一二〇次。也因為這樣，我發掘人才的眼光變得更精準，並且累積了有什麼需要都可以一通電話解決的人脈，同時更養成了用夥伴的角度思考的習慣。現在回想起來，我就是這樣培養出跨界思考的能力。不管是里山保存、圖書館建造、醫療和看護的計畫，我的腦中都是同時打開好幾個資料夾，一邊提取資料一邊

3　**里山保存**　「里山」是位於村落周邊，長年以來持續發展農、林業的森林。里山保存就是藉由適當的維護管理，來保存、復甦里山的行動。

4　**綠色投資（green investment）**　企業之類的團體在環境保護方面進行的投資。

思考。

山崎　而且還能具體想到找誰幫忙，這點非常重要呢。您覺得您的思考脈絡是，「誰跟誰一起做的話應該會很有趣」，這種從「人」出發的角度；還是先想到環境、醫療、社會福利等等的「領域」，再考慮適合的人選呢？

北川　想到領域的瞬間腦中就會浮出人選，所以兩者是同時發生的。事實上就真的發生過好幾次「只要把那些人連起來就可以解決問題」的經驗。其實把人跟人的關係串連起來之後，百分之九十的工作都會很順利。

山崎　真有趣啊。這些都是公務員時期做的事嗎？

北川　不，那時我是「滋賀地方自治研究中心」的理事，做的事情大多比較類似志工性質。縣廳職員的工作還是土地收購，不過需要交叉思考這點倒是一樣，基本上就是以不違背制度跟法律為前提，在腦中排列出能讓事情順利進展的組合。就拿「綠色採購」（グリーン購入）這個例子來說，先前我們結合綠色投資和 ISO 14000[5] 認證，率先協助企業轉型成對環境友善的事業體，後來事情進展順利，國家也為此制訂了相關法律[6]。

「在地整體照顧」不只是服務老人

山崎　您是從什麼時候開始涉足醫療、照護及社會福利領域的呢？

北川　一九九九年我在做綠色採購的工作，當時受邀參加大森彌[7]教授和幾位有志者舉辦的介護保險讀書會，大致上就是從那時候開始的。

讀書會上討論的話題包括「用什麼架構思考介護保險制度」、「包含看護在內對身心障礙的想法是什麼」等等。那時有人發表看法認為：「接下來就是市町村的時代。能否妥善運用介護保險制度，不同市町村將會出現落差。」不過我心裡的想法是，保險制度涉及各個不同領域和組織，光靠地方自治體恐怕沒辦法順利推動，必須由市民發起，打造

5　**ISO 14000**　ISO（國際標準化組織，International Organization for Standardization）所制訂的國際品質管理標準中，針對企業的生產體制、生產管理系統及環境保護等環境管理所制訂的標準。

6　有關促進國家機構採購環保產品及服務之法律（綠色採購法）　日本為實現循環型社會的願景，於二〇〇〇年所制訂的法律。希望推動政府公家機關優先採購再生產品或環保產品及服務。法案內同時也規定了地方公共團體、企業與國民的責任和義務。

7　**大森彌（Omori Wataru, 1940～）**　東京大學名譽教授，主張「市町村是第一線政府」的公共行政學者。一九九四年擔任當時厚生省的「高齡者介護暨自立支援系統研究會」座長，建立了日後介護保險制度的架構。

出讓介護保險制度能順利運轉的市町村。當時為了支援介護保險制度，也出現了全國性的市民活動組織「推動照護社會化的一萬人市民委員會」（介護の社会化を進める一万人市民委員会）[8]。為了響應這個活動，我也聯合整個滋賀縣內的市町村，用「推動照護社會化的一萬人市民委員會滋賀網」的名義，舉辦了一連串的講座。

之後，有不少來參加講座的人也決定投入參與，他們認為這件事與其去和公家機關或社會福祉協議會商量，還不如自己動手比較快。隨著響應的人越來越多，於是便在二〇〇一年成立了「NPO 法人街角照護滋賀網」（NPO 法人街かどケア滋賀ネット）[9]。

這時候的重點也是把市民活動和介護保險結合。我原本的工作既不是社會福利相關，也不是醫療人員，所以沒有特別多花心思在這上面。只是單純考慮要怎麼協助在社會上生存有困難的人？可不可以跨領域進行？後來證實這的確是一個好的方向。

山崎　對北川先生來說，超越業種、找到社會資源，再將彼此串連在一起，是再平常不過的事了吧。順道問一下，這件事也不是以公務員身分做的嗎？

北川　有些是工作，有些是利用下班時間和請特休做的。不過當時的縣知事要求我當介護保險負責人的時候，我拒絕了。理由是待在縣廳內會綁手綁腳，與其把時間耗在那兒，不如讓我去外面，於是我便被調到彥根保健所。那之後我就在滋賀縣內的五十個市町村間奔走，四處講授介護保險的內容，也幫忙解答應用面的問題，做屬於比較基層的工作。

也因為我對介護保險的耕耘比較深，所以當「在地整體照顧」這個用詞出現的時候，我心想，「這下子一定會有自治體狹隘地以為，在地整體照顧只跟老年人還有介護保險有關係。」結果，果然不出我所料。

在地整體照顧原先的出發點就不限於老年人和介護保險，更包括身心障礙者和低收入戶，是以整個「區域」的資源，去協助在社會上生存有困難的人。但不是讓他們單方面地接受援助，而是一種互相協助的生活支援體制。所以，在地整體照顧系統中，醫療、照護相關的專家能做的事只占了百分之五，剩下的百分之九十五就是區域的責任。關於這點，花戶先生非常了解。

8 **推動照護社會化的一萬人市民委員會** 支持介護保險法案成立的市民活動團體。代表人物為東京家政大學名譽教授、評論家樋口惠子，她同時也是「改善高齡社會的女性組織」理事長，以及「高齡者介護暨自力支援系統研究會」委員。還有當年洛克希德事件的檢察官、後來轉為律師的堀田力（公益財團法人SAWAYAK福祉財團會長）。

9 **NPO法人街角照護滋賀網** 滋賀縣內由介護保險法指定事業者等所組成的團體。針對「小規模、多機能照顧」和「生活互助」的主題，進行情報蒐集、提供、諮商及研究，舉辦研習及讀書會，並提出公共政策建議。

山崎　那麼我們就來聽聽花戶先生的分享。

「不要只看到我的病，請看到我生活的全部。」

山崎　花戶先生在來到永源寺診所之前，有什麼樣的經歷呢？

花戶　我是在滋賀縣長濱市出生的。老家從事的是跟醫療完全無關的和菓子店。父親在我還是國中生的時候去世，這件事是我跟醫療的第一個接觸點。

大約是高中畢業的時候，我開始有朝醫學院升學的想法。我覺得在和菓子店工作的經驗，是影響我選擇醫師這條道路的關鍵因素。從小，每逢過年期間，我都要幫忙把鏡餅之類的年糕配送到客人家。每次抵達的時候，大部分的人都已經完成大掃除，連供奉神壇也準備好了，就只差我送去的年糕。然而，有一戶人家卻只有老太太一個人住，看起來也不太打掃的樣子。雖然心裡有點在意，但是我連她怎麼維生、有誰在照顧她都不知道。只能說地方上有各式各樣的家庭，這位老太太應該也很期待能在新年的時候買年糕，感受一下過節的氣氛吧。

我考慮去考醫學院的時候，想到的就是那位老太太的身影。雖然在大醫院當一位醫術高超的醫師是個很好的目標，但如果能在地方幫助這樣的獨居老人也很棒。然而，實際進到醫學院後，六年來的教育都在告訴我們，會做手術的外科醫師和知識豐富的內科醫師是最受尊敬的，我也開始覺得在大醫院當個醫術高超的醫師似乎是個更好的選擇。剛好在那時，有個必須前往偏鄉診所的工作機會，我便在二〇〇〇年轉調到永源寺診所了。介護保險制度也就是在這年開辦的。

山崎　轉調到永源寺是花戶先生自己申請的嗎？還是醫務局之類的單位要求的？

花戶　我念的自治醫科大學，規定我們畢業後要到出生地的偏鄉工作個幾年，所以我也必須去滋賀縣的某處工作才行，也因此我就申請了當時有缺額的永源寺診所。其實，那時我在滋賀醫科大學從事研究，會申請永源寺也是為了交通方便。或許因為當時考慮將來還是會回到大學，所以內心有股強烈的使命感，要把最好的醫療技術，提供給鄉下需要的人。

但是，地方上的人都是為了腰痛、膝蓋痛這類的原因來求醫，根本不需要先進的醫療技術。這些人雖然一邊喊著腰痛膝蓋痛，但還是沒有放下農事不管，甚至會送我田裡採收的蔬菜。言談間似乎是在告訴我：「不要只看到我的病，請看到我生活的全部。」

除此之外，我去那些不方便來診所的患者家中拜訪，有很多都是像我高中時配送年糕遇到的那種獨居老人或老夫婦，才發現原來這世界上有很多這樣的人。在和地方居民接觸的過程中也不斷促使我認真思考，如果要幫助一個人的生活，到底什麼是必要的？

山崎　要走出診所、走入病人家中，即使是縮短掛號病人的看診時間，用下午時間來做到府醫療，也還是滿辛苦的。您應該也可以選擇在診所看診就好，為什麼會決定走入社區呢？

花戶　嗯……那時候當然有一種想法是，「患者既然來到這個診所，剩下的就放心交給我吧。」至於那些不方便來的人，我還是要把最好的醫療服務送去給他們。可能也是因為年輕氣盛吧。

山崎　可以說是花戶先生的理想吧。只是這個理想，也在永源寺的生活中漸漸改變了。

花戶　後來發生了一件讓我像是腦袋被重中打到般的事情，可以說是一個轉捩點。

我第一個負責的在宅臨終照護，是一位六十幾歲的小腦萎縮症患者。這種神經病變的病會讓人漸漸無法行動，很難治癒。病人有將近十年以上的時間都是在家療養，到後來慢慢連飯也無法吃了。那時我打算幫他安排打點滴，還有檢查等等各種處置。不過有一天，病人的太太卻說：「醫生，看起來已經沒辦法了……」我心想：「我這麼努力地在救他，哪裡沒辦法？」接著轉頭一看，太太和其他家人，還有附近鄰居聚集在一起，看著病人說：「啊，已經不行了啊。」只有我顯得格格不入。

山崎　因為花戶醫生想做的事跟家屬的期望有落差？

花戶　沒錯。即使病人會活得比平均壽命短，但已經好好度過家庭生活，也非常努力地過著人生，病人的太太和家人們都把這些看在眼裡。而我只看到患者的疾病，沒有正視過他的人生……這次的經驗讓我察覺到，自己在做的事似乎根本放錯重點。不，正確來說，是居民教會了我這件事。

醫療，不可以成為當事人生活或角色的絆腳石

山崎　在那之後，您身為醫療人員的想法也改變了嗎？

花戶　是的。提供先進的醫療服務雖然也很重要，但是站在管理的角度去要求對方這個不行做、那個不行做，反而會對地方居民的生活造成困擾。必須要把眼光擴大才行，要看到患者的人生正在經歷什麼、他在當地的角色是什麼。為此，病患和家人、鄰居的關係也都需要一併考慮進來。

特別是，醫療人員單方面的支援會讓對方變成單純接受幫助的人。然而不管是身心

障礙者，或是老年人，他們在地方生活中一定肩負著某種角色，比如說要工作賺錢、農業生產、家庭內或地方活動的分工等等。如果只用醫療的角度把他歸類為「需要幫助的人」，要求他離開地方，住進某個療養機構，等於奪走當事人在地方的角色，而這種手段是不是應該重新檢討？我認為這樣下去，地方的活力會逐漸消失。

在永源寺做了十六年的心得就是，要協助患者在生長的環境中繼續順利地扮演自己的角色，我們提供的醫療服務只要維持最低限度即可。不用過於涉入患者的生活，意圖指揮他的人生。

北川　永源寺診所在做的事情，就是在不妨礙地方居民生活的前提下，提供不著痕跡的協助。

山崎　原來如此。也就是重視居民的在地角色。

花戶　之前發生過一段插曲。有位醫學院學生，第一次實習的時候到了永源寺診所。他抵達診所之後，馬上表示他還沒有量過患者的血壓，我為了讓他試看看，便帶著他一起去病人家看診。

我們去拜訪的孝太郎先生，是一位八十五歲、肺癌末期的病患，那是他去世前兩週發生的事情。老先生躺在床上吸著氧氣，旁邊的學生額頭冒汗，努力量著血壓。當測量結束後，孝太郎先生對著學生說了一句：「醫生，要加油啊。」

山崎　就連生命結束前的時刻，都還是會想要叫別人加油呢（笑）。

花戶　在醫院裡面，穿著白袍的學生也會被叫「醫生」，穿睡衣的則一律都是「病患」。不過在自己家裡，孝太郎先生就是那個家的一家之主。看著汗流浹背、竭盡全力幫自己量血壓的學生，說出：「謝謝你，要加油喔。」是再自然不過的事情，這就是我當下的體會。

如果要說住院和居家醫療有什麼不同，或許就是在家裡，每個人都有自己的角色吧。老先生即使在癌症末期，都盡到了身為「一家之主」的本分。為了尊重當事人的角色，我們必須時時站在他的角度來思考。

醫療、照護和社會福利能做的事情很有限

山崎　花戶先生說的「我們」，應該不光是指「醫療人員」？

花戶　如果是住院的話，患者會被移動到各處去做檢查、治療，或者手術。但是在自己的居住地卻不是這樣運作的。如果自己還能行動，不管看診或去藥局，還是採買生活用

品，都是自行前往。如果行動已經不方便了，那麼醫生就會提供到府醫療服務，也會有人陪同採買，真的有需要的時候再加上看護，會有不同人員協助你的生活。在地整體照顧原本的宗旨，就是為了建立起讓這一連串流程更順暢的制度。然而，如果只從醫療和照護的角度考慮還是不夠完善。於是我們便思考，在這些有需要的人的周圍，有誰可以提供幫助，後來就決定把這些人稱為「永源寺小隊」。

小隊中除了醫療、照護和社會福利的專家，還加入了商工會。雖然介護保險的項目包含了老年人的生活支援，但是商工會是以流動攤販的形式，來滿足採買的需求。居民列出採買清單，再自行跟商工會的人溝通請他們送過來。透過這個跟外界交流的過程，不僅可以活絡地方，也會變成當事人生活的動力。此外，我們也請公家單位和地域振興協力隊的人員協助，小隊中還有警察呢。

山崎　警察？聽起來很有意思。

花戶　警察的角色也很重要。因為失智症患者時常會在街上「散步」。不是徘徊，是散步喔。像有一位名叫「孝男」的七十五歲老先生，常常會在散步的時候順便「指揮交通」，讓人摸不著頭緒（笑）。不過因為附近居民都知道這個狀況，所以看到孝男先生指揮說「這邊這邊」的時候，大家都會說聲「謝謝」，然後直接通過。但是一年裡會有

一、二次，他會跑到國道上去「指揮交通」，跟大卡車司機發生衝突。

山崎　因為司機不是當地人，不知道他的狀況吧。

花戸　一般的結果就是對方會通報警察，警察也不得不將孝男先生帶回警局。但是為了這種一年頂多發生個一、二次的事情，就把這樣的人從地方中排除未免太不合理了。所以我們配有主任照顧管理師和主治醫生，只要不是太大的問題，通常都由我們當地人自己來對應。團隊裡面加入警察，也是希望萬一發生什麼狀況可以不用帶回警局，而是先跟我們聯絡。

山崎　團隊成員裡面還有寺廟僧侶呀。

花戸　僧侶不是病人往生後才參與，而是在病人生前就開始協助給予精神上的支持，也提供家人安寧關懷（grief care）。不是患者過世後，醫療的任務結束，接下來就交給僧侶這種關係。而是為了心靈平靜且富足地過完人生最後章節，在生前就開始陪伴。

團隊裡面還有協助身心障礙者的庇護工場和地區生活支援中心。「工作暨生活應援中心」（働き・暮らし応援センター）則是負責弱勢族群的就業支援。地區福利推動員（福祉推進員）負責守望老人和協助舉辦講座活動；另外還有民生委員、兒童委員、社福會（福祉の会）和家屬互助會（家族の会）等居民團體。此外有個叫「生活支援者

KIZUNA」的志工團體，專門陪獨居老人們聊天、購物，以及幫忙換家裡的燈管等等，這些都是為了填補介護保險和醫療制度的不足。像這樣，地方中的志工團體與有需要的人保持互動，萬一發現異樣，就可以馬上通報醫療和照護團隊，讓我們接手處理。

當一個地區的人們都可以互相照顧、幫忙的時候，不管制度怎麼變，或是不夠周全，人們仍然可以安心生活。

山崎　永源寺小隊就和「東近江魅知普請曼陀羅」一樣，每項行動都有明確的負責人，是嗎？

花戶　有明確的負責人，而且大家都互相認識。我們的行動依據不是制度內容，而是綜觀地區整體有什麼資源，再把這些豐富的資源拿來運用。

雖然厚生勞動省結合了介護保險跟醫療和社會福利來推動在地整體照顧制度，但是光憑這些是無法全面性地照顧到人的生活的。除了官方的介護保險和醫療保險制度，我們也在每一天的生活中發現，地方上人與人之間非官方的連結，不涉及金錢互相幫忙的關係，其實是支持在地人一股非常強大的力量。

不過，這也是因為鄉下地方整個地區就是一個共同體，只要去到當地自然就可以融入社區，不需要花費太多心思。然而都市不一樣。同一棟大樓的住戶就可以說是一個共同體嗎？那倒也未必。所以我認為在都會區，反而要特別費心去建立社群，有必要實行「打造迷你版鄉下」的策略。

舉例來說，在東京新宿區，由到府護理師秋山正子小姐主辦的「生活保健室」[10]就是一個很好的示範。在住宅區裡提供一個讓人們聚集交流的場所，有意識地凝聚社區意識，同時也是整合照護和醫療的據點。不限於醫療人員，如果可以和建築師等跨領域的人合作，一同設計交流場域的話，相信一定能牽起更多更豐富的連結。

專家懂得保留

山崎　剛才花戶先生提到，如果醫療人員單方面地出手援助，就會讓對方單純變成一個「需要幫助的人」。最重要的是讓患者靠自己的力量，醫療只是一個從旁輔助的角色。不

10　秋山正子的「生活保健室」二〇一一年，東京新宿區戶山一帶，於高齡化的大規模住宅區一角開辦的免預約諮詢中心。現場有志工、護理師、營養師等專家，免費為當地居民諮詢有關醫療、照護、社會福利，甚至是生活上的疑難雜症等問題。同時也會舉辦體操教學、失智症講座等活動，還有為老年人專設的電腦課程，可以說是社區老人的活動中心。也有不少原本利用服務的民眾後來轉當志工的。

知道我的理解正確嗎？

花戶　沒錯。不是說當病人的疼痛或症狀加重，就要對他的生活限制更多，重要的是讓病人能夠繼續正常生活。一邊用醫療幫忙減緩疼痛，一邊也要考量，什麼是這個病人生活中的優先事項。

比如說，如果是一位老太太，她的重心可能是照顧孫子，或是務農，也可能是顧家。每個人都是像這樣肩負著不同角色，而身為在地醫師，不能只關心患者的疾病和病徵，還必須顧慮到他的生活，甚至於他在家庭、地方中擔任的角色，去和病人溝通協調。

山崎　雖然這麼說很俗氣，不過這種做法對醫生來說是不是很難有利潤？像「減緩疼痛」這樣只做最低限度的事，沒有更多醫療行為，是否也就等於失去賺錢的機會？

花戶　沒錯，根本不賺（笑）。

山崎　不好意思，問這種奇怪的問題。只是我自己也意識到了同樣的問題……聽了您的分享之後，發現其實跟建築業界有一些共通之處。

在建築業界，有時候過於追求最先進的建築技術，或者過於注重建築師個人的表現手法時，就會忽略建築周圍的地方環境。單方面地主張「我們的作品這樣呈現最好」、「我們在建築界的評價很高」，用這樣的態度去進行設計。結果換來異常高昂的總施工費用，設計費自然也跟著提高。換句話說，對建築師來說是一門賺錢的生意。然而可悲的是，業界人士眼中非常出色的建築，對當地卻毫無幫助。而且這樣的情況並不少見。

不過其實我自己在最剛開始的時候也是如此。大學學建築的時候，意氣風發地想蓋出讓人讚嘆的建築，夢想打造自己的代表作。但是不知道從什麼時候開始隱約覺得哪裡不對勁，於是在十年前放棄了這個目標，改做現在這份完全不賺錢的工作。

我想表達的是，不管對方如何積極地請求幫忙蓋房子，如果評估當地居民的生活環境後發現並沒有這個需求的話，身為專業的建築師，就必須建議對方打消念頭。即使被要求「蓋大一點」，必要時也得說：「不用不用，這邊房子蓋小一點，保留多一點戶外空間，這樣子生活會更有樂趣，不是嗎？」不過如此一來，就賺不了什麼錢了（笑）。

專家雖然身懷武功，但也不適合全部秀出來。沒有幫助的技巧先收著，視情況決定使出幾成功力。這種分辨什麼時候該「保留」的判斷力，就是身為專家很重要的能力。

花戶　我同意。決定保留的判斷也很重要。

實現「在宅臨終」的是當事人的意志

花戶　不過另一方面，因為醫療會左右眼前這個人的生死，事情的發展往往也不是我能自行決定的。有時候就算我個人判斷沒有必要執行某個醫療行為，但如果患者本人要求，也必須執行到底。有時候則相反，即使病人希望什麼都不要做，但如果被救護車載到醫院，就會演變成不得不做的情況。

山崎　原來如此。算是醫療人員的難處吧。

花戶　是的，只是醫療也有其限制。雖然可以針對疾病對症下藥，但很多時候是年紀大到身體衰弱吃不下飯，到了要迎接死亡的時候，醫療已經明顯幫不上忙了。

山崎　這種情況下，要怎麼判斷介入的程度？

花戶　我認為還是要尊重本人的意願。不過很多情況是當事人已經不省人事，就算問他想怎麼做，他也沒有辦法表達意願。所以人還健康的時候，就要把握機會先問：「如果以後吃不下飯了，你想怎麼做啊？」平常看診時，如果遇到病人說：「明明去年還可以下田，今年已經沒辦法了。」或是「最近腳跟腰沒力，沒辦法出門。食量也變小了。」我一定會先跟對方確認，最後那段時間想怎麼度過。趁病人精神狀況好的時候，用陪伴者的角度去傾聽他的想法是很重要的。

像這樣參與患者的生活，就可以判斷對方的人生到了什麼樣的階段。如果了解到病人已經進入年老體衰的時期，便可以讓家人先有個心理準備，也可以同時提供其他必要的協助。

山崎　對患者來說，如果醫師能夠掌握自己生活的變化，甚至是每個時期的期望的話，會讓人很安心呢。

花戶　這點就是我最重視的。大醫院裡因為患者多，醫師開完這個癌症病人的刀，緊接著又是下一台手術，容易淪為蜻蜓點水式的「點」狀參與。然而我們在這裡，不光是治療病人的疾病，更會在一起生活的過程中，共同討論出理想的治療和療養方法。「最後的時間，你想在哪裡過呢？是家裡、醫院，還是機構？」這樣慎重地詢問後，得到的回覆幾乎都是「在家裡好」、「想要在生長的地方一直生活下去」這樣的答案。

山崎　但是，現在有很多人跟家人或鄰居的關係沒有那麼緊密，不管都市還是鄉下都有「孤獨死」的狀況，接下來想必還會有更多。在這樣環境支援不夠完善的情況下，即使想要自己決定在哪裡死去，恐怕也很難實現吧。

花戸　最好的辦法是，把本人的意志用具法律效力的文書記錄下來。不過根據調查[11]，對於臨終醫療的想法，僅有百分之六的老年人有寫下預立醫療指示（事前指示書）。或許是因為日本人將「死亡」視為禁忌，很難主動開口說自己的想法吧。也有可能是因為顧慮家人的心情，或者覺得寫了也沒用。但這件事不進行，專業人員又涉入不深的情況下，萬一病患狀況惡化，誰要下決定？會變成誰也沒辦法做決定。

我現在在做的，就是在患者精神狀況好的時候，確認他的期望、寫下來，輸入電子病歷，如此而已。從平時就開始詢問：「想在哪裡生活呢？」、「人生的最後，想要接受什麼樣治療和照護呢？」如果對方排斥填寫預立醫療指示，我就會幫忙記錄下來。這也是為什麼永源寺地區在宅臨終照護的比例這麼高的原因。最近「預立醫療照護諮商」[12]一詞也變得廣為人知，由專業醫療人員和當事人溝通關於人生的最後時期想要什麼樣的照護方式，再把本人的意思記錄下來，這樣的做法已經漸漸地普及起來了。

當然，為了遵從本人的意志，光靠醫療是不夠的。所以在這裡，永源寺小隊的功能就顯得相當重要。不管是家屬還是醫療照護人員，甚至鄰居、志工團體，要形成一張支援網，每個人的存在都不可或缺。

山崎　讓醫療從「點」狀參與，轉向貼近生活的「線」狀陪伴。接著再進一步在當事人的生活周遭，串連起點線「面」的關係網絡，形成完整的支援體制。

讓人感受不到存在的領導是最理想的領導

北川　剛才一邊聽兩位的談話一邊在想，不管是醫師還是建築師，專家本身的存在感其實不是那麼重要。協助地方機能順利運轉，卻不讓人知道幕後其實有專業人士的幫忙，反而是最理想的狀態。不用大聲宣告「我是專家」，企圖掌控人和狀況，而是不著痕跡地把人和狀況引導到正常狀態。比如說，老人家即使到了人生的最後階段，無意識中也會想要留下一些代表自己活過的證明，所以想要工作，也想要擁有自己的角色責任。我們所做的便是低調地從旁協助他完成心願。這樣讓周圍的人自動伸出手援助的能力，確實才是真正的專家啊。

11　關於臨終醫療的意見調查　厚生勞動省從一九九二年開始，每五年實施一次的全國性調查，用郵寄問卷的方式，調查一般國民，以及醫療、照護從業人員對於臨終醫療的想法及其變化。本書收錄關於預立醫療指示的實施狀況係依據二〇一三年最新資料。

12　預立醫療照護諮商（Advance Care Planning）非單純以預立醫療指示（advance direction）為目的，意指協助患者本人及家屬一起討論如何度過人生最後階段的過程。

山崎 這就是老子的世界觀吧。老子曾經表達他對領導者的見解[13]，一個差勁的領導者，會遭到人民猛烈地批判；一個好的領導者，會受到人民愛戴與尊敬；然而領導者的最高境界，就是人民根本不知道他的存在，也不會讓人民發現他的德政。北川先生所說的正是如此吧。

北川 我明白您的意思。領導人不在檯面上領導，而是位居幕後，讓大家認為生活圓滿是自己盡力的結果，甚至讓人說出「這裡有這種人嗎？」這種話，應該就是最理想的狀態吧。

山崎 太有趣了。把各種背景的人串連在一起，促成「東近江魅知普請曼陀羅」的關鍵人物，居然想要被說「我們這裡有這種人嗎」。

北川 我自己倒是會忘記曾經做過什麼事（笑）。

花戶 北川先生自己可能沒意識到，每次當他吆喝大家喝酒的時候，所有人都是二話不說就到齊了。到那裡能認識各式各樣的人，在其他人身上看到一些自己以往不知道的觀點。視野變得寬廣之後，連帶地就會讓自己能提供的支援有更多可能性。

或許醫師能幫「患者」做的只有開藥，但如果認識照護相關的人脈，就多了一個協助患者的選項。甚至認識某公司老闆，也有機會協助「患者」變成「勞動者」。如此一來，便可以一邊接受照護，一邊生龍活虎地工作。患者能過上健康的生活，身為醫師的任務也就達成了。

像這樣手上有好幾個管道能夠搭配組合是很重要的。醫療的角色，不只是調整「音階」的高低，還要和不同領域適當地協調配合，讓患者能演奏出優美的和聲，才是最好的結果吧。

山崎　這點如果能仿照英國的全科醫生[14]那樣，允許醫師可以開「社會性處方」[15]就好了。把建議患者參加活動取代開藥，變成處方箋的一種形式，讓無藥處方變成一種加分的條件。

花戸　這是一個可以參考的做法。如果要執行無藥處方，就必須詳細掌握地區中有哪些資源可以運用。如果醫師只固守自己的領域是不行的，要多走出去跟別人接觸。

---

13 老子《道德經》第十七章「太上，不知有之；其次，親而譽之；其次，畏之；其次，侮之。信不足焉，有不信焉。悠兮其貴言，功成事遂，百姓皆謂：『我自然』」。

14 全科醫生（GP, General Practitioner）相當於家庭醫師。在社區診所提供社區居民醫療照護的醫師。也負責將病患轉介至大醫院。

15 社會性處方　以經濟狀況、生活環境以及人際連結等「影響健康狀態的社會性因素」研究為基礎，將地方資源介紹給患者，滿足患者的非醫療需求，協助患者建立社會連結。

山崎　沒錯。也要學習地區中的資源才行。對醫師來說，社會性處方如果比開藥帶給患者更多的好處，就會更加快社會性處方的推動吧。

或者，讓在地整體照顧制度加入社會性處方，變成一個計點制度似乎也不錯。不限醫師，若是讓任何人都可以開社會性處方，也很符合在地整體照顧的精神。

北川　其實，原本在地整體照顧制度配置的生活支援協調員（生活支援コーディネーター）[16]，就是希望可以擔任「地方嚮導」的角色。不過，公家單位有沒有這樣的認知就是另外一個問題了。

山崎　原來如此。這樣說來，生活支援協調員就得自己畫出一張負責區域的曼陀羅圖來呢。

北川　沒錯，就是這樣。但這件事很困難。因為你必須先釐清地區的課題是什麼，然後掌握有哪些資源，包括活動團體、核心人物的長相和名字等等。實際上能做到的人應該不多。

山崎　前提是那個人要能夠「巧言令色」吧，只是要學會這樣的手段非常不容易。畢竟一般人不像北川先生一樣，有過土地收購的經驗（笑）。

北川　雖然這樣講沒錯，但光用頭腦是沒辦法畫出真正的曼陀羅的。不要忘了，重點是要在客場決勝。

山崎　這個題目非常有趣。我想「如何培養出可以整合區域資源的人才」也是一個很重要的題目，我們可以再多聊聊嗎？

讓對方說出「看在你面子上」的能力

山崎　接下來要談的是，如何培養能夠找出地方資源，進而整合的人才。北川先生，您把這種人才稱作「能在客場決勝的人」，您認為該怎麼栽培呢？

北川　首先必須先分辨出誰是有栽培潛力的人。我最近了解到，「巧言令色」的特質，是一個必備條件。

山崎　原來如此，的確也有分成可栽培和不可栽培的人呢。

北川　我在尋找人才時，會從三個面向評估，其中最重要的特質是EQ[17]，也就是所謂

16　生活支援協調員　為了推動在地整體照顧制度，配置在各自治體的人員。也稱為「區域互助推廣員」（地域支え合い推進員）。推廣員的功能是協調溝通，確保老年人生活支援和介護預防服務順利推動。

17　EQ（Emotional Intelligence Quotient）　情緒商數，是認識、了解、控制情緒的能力指標。

的人間力，這點就呼應到了「巧言令色」的能力，可能是怎麼訓練都訓練不來的特質。

有了人間力的基礎，第二個就是「說故事的能力」，這可以說是一個說服人的工具，只要經過一定的訓練就可以學會。

第三個，用故事打動人心所必須具備的「統整故事的能力」，也就是統整論點的能力。幾乎沒有人剛開始就嫻熟這一點，但也是可以訓練的。這其實就是國文的閱讀理解能力，跟解答「讀完夏目漱石的文章後，請在多少字以內統整內容」這種考題是一樣的。

山崎　類似統整大綱。

北川　沒錯沒錯。統整演講內容也是，就是從一段很長的談話或文章中節錄重點，並加以統整。

只不過，最重要的能力還是第一點說的「巧言令色」。缺少這個，即使後面兩點做得很好，也沒辦法打動人心。如果能夠巧言令色，即使不太擅長說故事和統整，也有辦法讓對方說出「看在你的面子上」，進而達成目的。所以找到「巧言令色」的人，強化說故事和統整的能力，就一定能成為「在客場決勝」的人才。

山崎　聽完您的想法，我覺得其中有些要素也是一個優秀的社區設計師必備的條件。我們在大學教書的時候，會跟學生介紹美國心理學家霍華德・加德納[18]提倡的「八大智能」（八つの智能）[19]理論。這個理論中將北川先生提到的邏輯力，歸類到可用偏差值測量的「認知智能」。除此之外，無法用偏差值量測出來的「非認知智能」，諸如節奏、或是肢體動覺等等的表現能力，也是人類非常重要的智能之一。

現在的大學入學測驗完全不重視非認知智能的部分，光憑偏差值的測量指標來決定錄取與否。但是在社區設計這個領域，如果不看其他能力表現，很難判斷適不適合往這條路發展。偏差值高、其他智能面向卻很弱的學生，或許在其他領域可以有很好的表現，但要成為優秀的社區設計師，恐怕很困難。我把這些想法搭配八大智能理論，在課堂上向學生說明過。

實際上，一位社區設計師必須具備的，就是北川先生提到的溝通能力。所以說得極端一點，偏差值測量的學科只要拿到平均分數就好，該重視的是沒有辦法量化的智能，好好磨練這部分很重要。

---

18 霍華德．加德納（Howard Gardner, 1943～） 哈佛大學教授，心理學家，提倡「多元智能」（Multiple Intelligences）理論，主張智能並非由 IQ 測驗等單一指標判斷，而是由複數種類組合而成。

19 八大智能 多元智能理論中的八項智能包含：①語文智能、②邏輯數學智能、③音樂節奏智能、④肢體動覺智能、⑤視覺空間智能、⑥人際智能、⑦內省智能、⑧自然智能。

北川　真的是如此。我平時也會特別留意年輕人，看看有沒有可以琢磨的璞玉。其實幾乎只要講幾句話，就可以知道「這個人是可造之材」，然後就會在心裡考慮採取學徒制，磨練一下對方。

山崎　不是現代說的「OJT」（On the Job Training），而是從前的「學徒制」嗎（笑）。

北川　學徒制就是讓學徒學成後分家、獨當一面。重複這個循環，讓培養出來的人才慢慢遍及各地。學校或補習班可以教導讓你考上東大法學院的知識，但在客場一較高下的人才，只能在人群中培養出來。

山崎　我們再回到必須具備什麼能力的話題，最近我有一個想法，得到的評價可能會很兩極……

日本的幼稚園和小學教育，都會教導孩子「要跟朋友好好相處喔」，或是「不可以說謊」。但是比起過去，現在像這樣的品格教育占比已經少了很多，也不像考試學科那麼受到重視。國中小學的主要科目有國語、數學、理化、社會和英語，音樂、體育、美術則是次要科目。到了高中，就連次要科目也變得不那麼重要，主科的比重一下子提的更高了。這樣的教育型態大大壓縮了奠定基礎的品格教育的空間，在一個社區設計師看來，是一種嚴重失衡的狀態。

我認為，品格教育好比是儒教中「五倫五常」[20]的概念。不管是君臣、夫婦、長幼之間的關係，還是待人禮儀、同理心，或是端正的行為，都是品格的一部分。不是要讚揚古時候有多美好，只是早期的藩校和寺子屋[21]，都是花費數年的時間，持續不懈地宣導這些觀念，即使孩童在現代幼稚園或小學生這個年紀還無法理解，但在成長的過程中耳濡目染，就會內化成行動規範。有了這樣的基礎，再堆疊上各種學識，在當時是極其自然的做法。

然而，現今品格的學習已經不受到重視。這樣一來，當一個品行不及格的社區設計師進入地方，將有可能搞砸決定能不能受到老爺爺老奶奶喜愛的關鍵第一印象。

花戶　好像可以體會您說的。

山崎　當然，初次見面是沒有辦法判斷對方能不能信任的，技術不足也很正常。但是有沒有具備仁（體貼的心）和信（遵守約定），卻是可以讓人感受得到的。最近我越來越

20　**五倫五常**　儒教中，人應當遵守的道德規範。五倫指的是，君臣有義、父子有親、夫婦有別、長幼有序、朋友有信；五常則指，仁、義、禮、智、信。

21　**藩校、寺子屋**　兩者皆是日本早期的教育機關。藩校為江戶時代，各藩為了教育武士子弟所設立的學校；寺子屋則是室町時代中期至明治時代初期，當時的知識分子為了讓平民百姓子弟接受教育所設的私塾。

相信，實在不能輕忽品格的學習及智慧的優先性。

人的個性中確實有些後天無法改變的部分。然而，品行作為一個人的根本，如果品行足夠端正，那麼外在行為或多或少也會受到影響。當然不是說要恢復五倫五常，只是我個人認為，人跟人之間溝通時，有一些禮節還是不可缺少的。

拿到居民的手作配菜就可以獨當一面

北川　您說的事情讓我想到，聽說從江戶時代中期到明治時代，滋賀縣這帶有很多寺子屋。寺子屋的學生名額甚至還是其他府縣的兩倍之多，讀寫和珠算是必修科目。其中，御代參街道[22]一帶的寺子屋數量特別多，若要追溯那邊的學生師出何門，甚至可以追溯至石門心學的學者石田梅岩[23]。那個時代的教育教導學生生死的倫理觀，以及賺了錢不放自己口袋，要回饋給社會的觀念。這也成為後來近江商人[24]的理念：賺到的錢不獨占，要用社會貢獻的方式回饋給地方。

滋賀縣的寺子屋有一點讓我覺得很了不起，就是裡面的學生不只有一般人家的次男和三男，連女兒都可以上學。理由很合理，因為這些女孩將來會嫁給近江商人，當丈夫遠赴江戶或大阪地區做生意時，留在家裡的妻子必須負起教育學徒的責任，因此妻子也必須具備記帳或禮節的知識才行。所以，讓女兒上學也是為了將來做準備。

具合理性的文化、紮實的教育，還有「隱德善事」[25]這種回饋社會的習慣，「三方共好」的觀念長久下來已經深植在本地人的心中，可以說是近江的強項。我們這裡就能明顯感覺到，當自己賺錢的同時，還要回饋給對方還有地方，大家都以一種「禮尚往來」的心情互相幫忙。花戶先生的「三方共好研究會」[26]也是一個例子。

山崎　原來，說自己在實踐的醫療賺不了什麼錢的花戶先生，也是三方共好關係中的一

22　**御代參街道**　江戶時代從東海道土山宿（現在的甲賀市）連到中山道小幡（現在的東近江市），約三十六公里的道路支線，又稱為「東海道支線道」、「北國越安土道」等。

23　**石田梅岩（Ishida Baigan, 1685-1744）**　江戶時代中期的思想家，「石門心學」的始祖，闡述平民百姓的道德倫理。

24　**近江商人**　近江出身的商人，發源於室町時代，串起京都與北陸一帶的商業活動。秉持「賣方好，買方好，世間好」的「三方共好」理念，積極投入治山治水、道路維護和寺院捐款等社會貢獻活動。

25　**隱德善事**　近江商人的思想之一，意指為善不欲人知。

26　**三方共好研究會**　東近江地區醫療合作研究會的別稱，由東近江市小串醫院的小串輝男院長成立，站在患者的角度思考如何提供醫療保健、社會福利、照護的全面性服務，為了建立提供全面性服務的體制，共同研擬相關機構的責任分配和合作方式。二〇〇七年發表「患者好，機構好，地區好」的三方共好理念。

方啊。雖然可能賺不了大錢，但就結果來看，花戶先生已經變成地方上不可或缺的角色。

花戶　如果能對居民的健康有幫助、對地方有幫助，到頭來對自己也有好處，我覺得這樣也挺不錯的。

北川　像地區醫生就常常收到米跟蔬菜吧。

花戶　的確，最近都不太需要自己買了（笑）。

北川　果然哪。那些不能換成錢的感謝之意，都變成了米跟菜。

山崎　真想問問看深耕全國各地的醫療人員有沒有自己買過菜。感覺這就像是石蕊試紙，可以判斷當事人在當地表現的好不好（笑）。也可以順便聽聽那些沒有自己買過菜的醫生的經驗談。

對了，可以問一個問題嗎？花戶先生有收過在地人自己做的配菜嗎？

花戶　配菜嗎？確實也會收到醬菜或手作料理。

山崎　原來如此。您果然已經「踏」進去了。

花戶　踏進去？

山崎　其實在 studio-L 有一個徵兆，有點像是基準或指標的東西。我們常常有很多案子都是需要住在當地進行的，住了幾個禮拜後，就會有好心的居民送我們剛採收的蔬菜或魚。經過幾個月，更融入當地後，收到的東西從生的食材進階到熟食，也就是手作配菜。看到這樣的變化我們都會說：「又踏進去一步了呢。」以此來衡量我們和該地區的距離感。順道一提，曾經有居民認為我們在當地駐點，就把過世丈夫的衣服拿來送我們。走到這一步可說是相當深入了呢。

北川　還真有趣啊。

山崎　用這樣的標準來觀察，就可以知道什麼時機適合辦社區聚會，召集居民討論議題。如果還在收到生食材的階段就心急地舉辦聚會的話，居民也不會敞開心胸表達意見。但是當我們收到配菜，也就是足夠深入地方的時候了，此時的聚會上，大家都會很積極地發表意見和想法。雖然這種測量標準憑的是經驗和感覺，但我們公司的同事都會說：「一起加油收到過世丈夫的衣服吧。」以此互相勉勵。

不是把誰拉進來，而是自己主動投入

北川　說到這個我也很有感觸。我在收購土地的時候發生過類似的事件。當時我交涉的一對夫婦，某天太太離家出走，先生非常苦惱。那戶人家有一位需要照顧的婆婆，但是先生成天埋首工作，照顧工作全部落在太太身上。太太因為先生不了解自己承受的負擔，心灰意冷地搬回娘家。

了解情況後，我立刻和東近江市健康福祉部聯繫，著手準備輪椅等，做一些可以減輕照顧負擔的調整，協助整理成讓太太願意回來的家庭環境。後來再加上先生的道歉，太太總算願意回來了。狀況穩定下來後，夫婦兩人突然願意在土地收購契約上蓋章，甚至連之前交涉的條件都一筆勾銷，就這樣談成了。實在是很出乎意料的發展。

山崎　原本是去收購土地，卻突然當起主任照顧管理師也是讓人嚇一跳啊（笑）。

花戶　簡直就是引領時代的照護範例。

北川　因為很了解這個地方吧，知道該去哪尋求幫助。這個例子跟剛才山崎先生分享的經驗有一些共通點，關鍵就是人與人之間的信賴關係。「既然你都開口了，那就這麼辦。」只要有了信賴感，什麼都好談。無論是碰到瓶頸，或是與人共事的任何一個時刻，最重要的就是關係好壞與否。

山崎　我也同意。我在演講的時候經常被問到一個問題：「辦活動的時候，該怎麼做才可以拉更多人進來參與？」但是如果憑著這種想法，其實很難勝任我們在做的事。

北川　發問者的想法感覺有點傲慢呢，有種高高在上的語氣。

山崎　是的。任何一個人「被拉進去」都會覺得不太舒服吧，所以我的答案一律都是：「請你先試試自己主動投入。」

北川　沒錯沒錯，自己投進去參與。

山崎　自己投身地方上的活動，看到有什麼可以幫忙的就積極去做，藉由這個過程建立關係，讓地方上的人認同自己的存在。到了某天，就會聽到別人說：「既然你這麼困擾，不如就來試試看吧。」所以那些希望我傳授動員守則的想法，出發點就已經有問題了。如果不改變思考角度，最終是無法達到動員目的的。要先從自己投進去做起。

這次我們雖然沒有提到「在地整體照顧」這個字眼，但是談到了很多其中重要的元素。不管是醫療和社會福利也好、社區營造也好，希望每個領域的人都可以了解最重要的不是技術。技術當然不可或缺，但前提是人與人的心相通。談到現在，我更加確信這點的重要性。

北川　如果沒有達到讓對方說出「看在你面子上」這種程度的信任的話，什麼事都辦不成。政府老是想先從制訂遊戲規則做起，有些居民也是這麼想的。但是訂那麼多規則的用意何在？重要的是規則背後的精神。

我們想要的，是形成一個幸福的循環。花戸先生一開始也不是從制度切入，而是投入居民的日常生活、被小串先生[27]抓去做事，接著是把別的醫師抓進來一起做事。

花戶　是啊，雖然目前在宅臨終照護的人變多了，但一開始也有醫師堅決不做到府看診。不過經過不斷地實踐，當我再度向其他醫師介紹，並且詢問有沒有意願的時候，答應的人就越來越多了。於是居家醫療和在宅臨終照護就這麼普及開來，也實現了在地整體照顧的構想。我們不是應政府要求執行，而是為了回應居民的需求，因此跟各種不同領域的人一起嘗試，之後產生這樣的結果。並非專業醫師採取了什麼特別的行動，只是在盡力滿足地方需求的過程中，理想形式就這麼到位了。

山崎　我非常驚訝，兩位居然能完全用在地居民的視角來看事情。想請教兩位，是怎麼廣泛地跟更多人共享對於一個「理想社區」的想像？

北川　靠大家互相交換意見。曼陀羅圖中的人們，只要遇到地方上不知該怎麼解決的問題，就會拿出來互相討論。這個過程重複個幾遍之後，久而久之，每個人的腦中便會習慣以「打造一個永續的地方應該怎麼做」的角度去思考。

花戶　不過也不是說每個人的所作所為都是「為了地方著想」那麼偉大。比較像是大家做著自己喜歡的事，不去干擾別人，這樣的感覺。但是當遇到瓶頸的時候，只要出個聲，就會有四面八方的人湧過來關心。雖然大家做的事都不一樣，但我們前進的方向是一樣的。

山崎　今天的談話真的非常有趣。在追求效率、成效的現今社會，很容易淪為技術面的討論。但是和兩位談完之後，明白了在討論技術之前，必須先重視人性，因為這部分在之後的行動中將擔負重責大任。首先了解自己的特質，再來學習能夠活用個人特質的技術，這樣的思考順序很重要。今天非常謝謝兩位。

〈二〇一五年十二月二十六日，記錄於東近江市永源寺診所〉

27 小串輝男（Ogushi Teruo, 1945～）小串醫院院長。京都大學醫學部畢業，於東近江市成立三方共好研究會（參見註釋26），曾任滋賀縣醫師會副會長等職務。

3　是什麼串連起照護與社區？

中野智紀

社會醫療法人JMA東埼玉綜合醫院 地區糖尿病中心 中心長
居家醫療合作據點「油菜花」 室長／醫師

×

小泉圭司

元氣站．PRISM合同會社 代表社員

NPO元氣站 代表

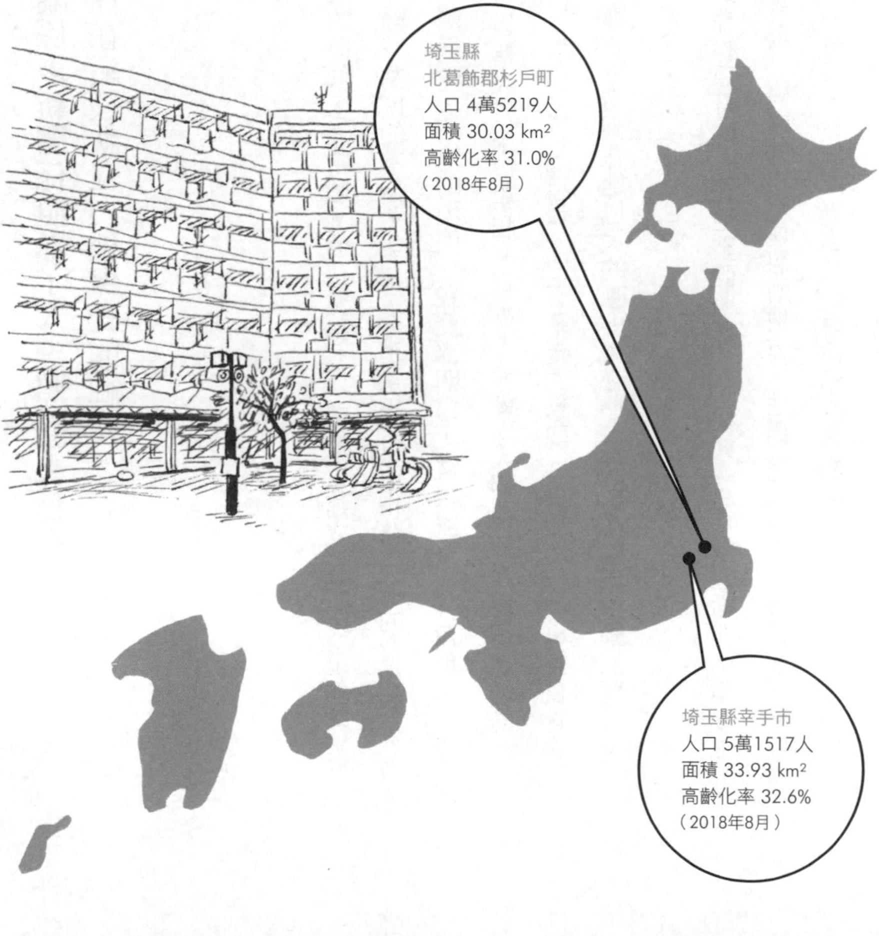

搭起人與人之間的新關係。新關係照顧了人、照顧了社區，最終變成一個，只要住在這裡就是一種保養的社區。

在地整體照顧幸手模式

建立在地整體照顧制度的時候，最常聽到的建議是要「跟地方建立連結」。這並非是為了彌補公共服務或介護保險等制度的不足，或為了深化相關單位和跨領域的合作關係，而是建立連結本來就是落實照護不可或缺的環節。我們都明白，當人擁有社會角色，自覺與社會產生連結的狀態，可以為人帶來健康和幸福感。而協助人們保持在這個狀態的技術，就稱為「社會工作」（social work）。這是一門有系統的學問，也是一份由專家負責的工作。如果把這項工作，一點一點交到在地居民的手上，會變得如何？如果這樣的居民遍布社區各處，又會是怎樣的情景？

埼玉縣幸手市和北葛飾郡杉戶町的「在地整體照顧幸手模式」（地域包括ケア幸手モデル），就是一個正在努力實現「照護社會」理想的地方。他們希望打造一個鄰居互相照顧、無論是誰都能為社會出一份力，並能感覺到與社會連結的歸屬地。參與社區營造的居

提供老年人歸屬與連結的社區咖啡「PRISM」。

民被稱為「社區設計師」，而支援他們行動的，是設立在當地綜合醫院的居家醫療合作據點「油菜花」。

「社區設計師」的行動範圍廣泛，舉凡社區咖啡店、料理教室、職業婦女活動支援、青年創業支援、市民歌劇、寺子屋、家長教師協會活動、飯店，還有女性聚會場所、知識沙龍、租屋諮詢等等，每一項都和人的生活息息相關。「油菜花」的室長中野醫師形容，人們之間的羈絆和共感，建立了「如雲朵般的信賴關係」。這朵雲，一路飄到了以往專家照顧不到的人和地方，讓「連結」取代「制度」，主導在地整體照顧的實踐。

中野智紀（Nakano Tomoki）

出生於埼玉縣。獨協醫科大學畢業。任職於社會醫療法人JMA東埼玉綜合醫院地方糖尿病中心。埼玉醫科大學兼任講師、埼玉縣立大學兼任講師、日本糖尿病學會認證指導醫師暨專門醫師、日本內科學會認證內科醫師、NPO法人埼玉利根醫療 糖尿病組織理事、埼玉利根保健醫療圈地區醫療合作推進網（TONETTO）事務局、埼玉縣糖尿病協會理事。內閣官房IT戰略本部醫療資訊化專案小組成員。榮獲第五回初級保健護理聯合學會地區照護網優良獎。NHK《時論·公論》節目中曾介紹「TONETTO」的醫療情報共享網。至於「幸手模式」則分別於NHK《今日焦點》和《NHK特集》中被介紹。

小泉圭司（Koizumi Keiji）

出生於東京都。元氣站·PRISM合同會社代表社員、NPO元氣站代表。東海大學法學院畢業。
2007年開設社區咖啡店「元氣站·PRISM」，2010年熟食配菜店「元氣站·PRICE」開幕。每年都會舉辦不同形式的照護預防或地區營造活動，例如：2011年的「幸福應援隊」、2012年在「油菜花」的支援下成立「生活保健室」、2013年的「電動代步車出租」、2014年的「埼玉健康與生活市民讀書會」、2015年的「區域園遊會」。目標是打造能夠實現商店街活化和在地整體照顧構想的社區商場。

你也是「社區設計師」！

山崎　我們今天要對談的兩位，分別是JMA東埼玉綜合醫院的居家醫療合作據點「油菜花」的室長中野智紀醫師，以及幸手住宅區裡的社區咖啡店「元氣站・PRISM」的老闆，同時也是一位「社區設計師」的小泉圭司先生，聊的主題是「在地整體照顧幸手模式」。先謝謝小泉先生，在咖啡店公休日為我們開門。

聽說在幸手地區有很多像小泉先生這樣從事社區營造，或是為區域居民的健康與生活問題盡一份心力的人們，被稱呼為「社區設計師」是嗎？不知道您是不是在我二〇一一年出版《社區設計》（学芸出版社）的時候，知道這個名詞的呢？

中野　是的。其實我之前就一直在想，這樣擅自挪用好嗎……

小泉　中野先生說過，因為沒有經過您的同意，應該要向您道歉。

山崎　千萬別在意啊（笑）。社區設計這個名詞不是我發明的，所以我也沒有批准的權限。

這個字其實早在一九六〇年左右就在美國流傳了。比如說要打造一個集會空間，這時會一邊聽取地方居民的意見，一邊畫設計圖，也就是「和社區的人們一起思考硬體面的設計」。同樣的工作隨後也出現在日本，當時稱為「社區．設計」。我在建築設計事務所工作的六年，也一直在學習這件事。

社區．設計進行到後來，當地居民的感情都會變得非常好，還會呼朋引伴邀請新朋友，自發性發起活動。房子蓋完之後，留下的是人與人的連結。看著這些人活躍的樣子，我心想，即使沒有蓋出實體東西的機會，讓人們聚集在一起也是一件好事。

我想把這件事當成工作，但又怕被前輩質疑：「你不蓋東西，又不畫設計圖，憑什麼自稱社區．設計師？」於是便把中間的「．」符號拿掉，改成「社區設計」。

中野　原來如此。聽完您的解釋之後我就安心了。

山崎　那麼幸手的「社區設計師」是怎麼樣的一群人呢？有專門的培訓課程嗎？

小泉　之前會辦培訓講座。不過目前基本上都是找那些已經在從事社區營造的人。

中野　然後跟對方宣布「你是一位『社區設計師』」。

小泉　因為幸手有很多這樣的人，所以只要不停地重複「你是『社區設計師』」這句話，讓對方有這個自覺，大家就會「變成」「社區設計師」。

建立新型態信任關係的人們

山崎　所以小泉先生就是第一號，而且還是實力相當堅強的「社區設計師」囉（笑）。兩位當初是怎麼認識的呢？

小泉　中野先生工作的JMA東埼玉綜合醫院，那時候剛好搬到我們咖啡店所在的幸手住宅區[1]旁邊。

中野　對，我們醫院原本位於幸手市隔壁的杉戶町，二〇一二年時搬到杉戶町和幸手市中間。一般來說，在地民眾遇到醫院搬遷都會發起抗議行動，可是我們醫院搬家的時候卻沒有發生這種情況。為地方盡心盡力了三、四十年，最後只聽到「搬走後看病就不方便了啊」這種程度的聲音而已。

山崎　單純只覺得距離變遠了，然後就自然地接受了事實。

中野　沒錯。作為一家醫院必須要深刻檢討這件事，如果在新的地方不好好扎根，或許

1　幸手住宅區　由都市再生機構於一九七二～七三年建蓋，共三〇二三戶的大規模住宅區，位於埼玉縣幸手市，東武日光線杉戶高野台車站徒步約十分鐘的距離。一樓部分為商店（二十一家），目前雖有超市、喫茶店、酒行、藥局和理髮院等商家，也有不少招商中的閒置空間。

會沒有未來呢。當時有很深的危機感，因此才想說要找個當地的合作夥伴。只不過，該從哪裡著手卻毫無頭緒，那麼，不如就先跟隔壁的住宅區建立好關係吧。去到那裡之後，發現了一個明顯是在宣導什麼的店。

山崎　「PRISM」從外觀上看起來的確不太一樣。

中野　那時覺得這個地方是一個切入的機會，一定要看看老闆是怎麼樣的人，就走進去搭訕了。

山崎　直接打招呼攀談？

中野　因為直覺告訴我，如果能跟這裡合作會是一個好的方向。照護是一個很廣的概念，在地整體照顧也只是照護的其中一部分而已。我們這種專業體制比較制式，所以必須和居民互助的體制互補，同時進行。然而我們還缺乏與居民間的互信基礎和連結。

　　談到信賴關係，有些人覺得只要把照護當成一種用錢買的服務就好，也有些人因為以前經歷過農村共同體的時代，不願再與麻煩的人際關係有所牽扯。但是人與人的連結應該可以有各種不同的型態，感覺得出 PRISM 就是在摸索新的型態。所以我覺得他們很適合作為與我們共享問題意識的夥伴。

山崎　那時 PRISM 開店多久了？

小泉　差不多五年。店是二〇〇七年十二月開幕，醫院是二〇一二年五月搬過來的，同年八月就在 PRISM 舉辦第一回「生活保健室」[2]。在那之前雖然也有做健康、營養方面的諮詢，但是沒有和專家、公家單位及地方合作，所以中野先生的出現剛好幫了一個大忙。

中野　小泉先生雖然現在能夠這麼說，當初應該也經歷了一段陣痛期。因為我記得最初見面的時候，他一副又遭逢敵人的樣子，為我說明活動內容的時候也是用一種「反正你也不會懂吧」的態度。

一般人會覺得在做這種事的人很特別，既特別又令人同情（笑）。但我看得出來這明顯是一個創新的點子，必須要更正面地看待，讓它深植成一種地方文化。所以我才決定把小泉先生這樣的人稱為「社區設計師」。

這真的是一個很棒的稱呼。實際上，想要從事社區設計的人很多，其中多數都是志

2　**生活保健室**　由護理師秋山正子開設，位於東京新宿區的戶山住宅區，是一個與醫療和健康相關的諮詢處。無需至醫療機構，在熟悉的地方即有護理師及營養師等專業人員，提供免費、免預約的醫療和照護諮詢服務。目前日本全國各地皆有人複製相同模式，除了戶山住宅區的常設型態，也有在咖啡店等場所舉辦的活動型諮詢服務。幸手市和杉戶町即為這種類型。

工，既花錢又花時間，不免讓做的人覺得：「到底為何要像個笨蛋一樣花心力做那種事？」但是只要冠上「社區設計師」的稱號，大家的想法就會轉換成：「原來是這麼有意義的事呀。」如此一來，任何人都會明白，這群人是要幫助人與人之間建立起一種新型態的信任關係。

這裡沒有我的歸屬

山崎　小泉先生是東京人對吧，為什麼會來幸手呢？

小泉　以前還是上班族的時候，工作都在關東地區輪調。為了配合小孩上小學，才選擇定居在幸手。那之後，我有八年的時間都是從幸手通勤去上班。

山崎　後來就辭掉工作開始現在的事業？以前就有做這件事的想法嗎？

小泉　當時正值團塊世代的退休潮，「這些人回到居住區域之後該何去何從」這個議題被稱為「二〇〇七年問題」。於是我也開始思考自己退休後的生活，發現地方上並沒有讓自己覺得有歸屬感的地方。

山崎　從幸手通勤去過很多地方工作，但對幸手的事卻一無所知。

小泉　因為從事的是超市工作，週末無法休息，所以從沒參加過地方的活動。再加上我當時是管理職，經手過裁員後，就一直有種哪天會輪到自己的危機感。

有一次，我在巡視店面的時候，看到一位整天都坐在長椅上的老太太，便上前搭話。她說自己會待在這裡是因為在醫院的候診區會造成別人的困擾，待在自己住的地方又被嫌麻煩，沒有能去的地方。聽到這番話讓我不禁想到，自己也可能會淪落至相同的命運。我心想，團塊世代的人們退休前，必須要在居住地找到自己的歸屬才行。

山崎　所以是坐在超市的老太太的一番話，讓您產生要做些什麼的念頭？

小泉　也是因為開始在意國家的社會保障支出越來越多，如果不想點辦法，將來會留下一大筆債給孩子，還有下一代的子孫。而且我查了一下才發現，接受「要介護認定」的人比想像中更少。現在的數字大約是百分之十八，也就是說，其餘八至九成的人，未來會讓國家產生更多的社會保障支出。如果這些人全部都需要照護服務，那將會是多大的負擔？這是我這個外行人的擔憂。

因此必須讓照護預防的概念普及開來，讓健康的人繼續保持健康的身體。只是，如果邀請大家一起來落實照護預防，會有人乖乖照做嗎？答案是不會。大家都會說：「我的身體還很硬朗，沒有那個需要。」

那時候我剛好滿四十歲，正值討厭被叫大叔的時期，所以可以理解老年人抗拒被當老年人對待的那種心理。於是我想要打造「非強迫式的照護預防」，一個不用打著照護預防的名義，讓老年人身處其中就可以達到照護預防效果的歸屬地。

山崎　還是超市主管的時候就有這個想法了嗎？

小泉　如果要替未來做準備，到底什麼是必要的？答案不是在超市賣東西給客人，而是剛才提到的事情。所以四十歲的時候，我不顧老婆反對，一鼓作氣把工作辭了。

只要光顧就有照護預防效果的咖啡店

小泉　PRISM 希望營造的是一個「只要上門光顧，就能達到照護預防效果」的環境。比如說，像這本資料前半部是菜單……

山崎　嗯？這是菜單？

小泉　菜單書。

山崎　超厚！有五公分！

小泉　因為資料太多，字很小，我們在每張桌子都有擺放大鏡。

裡面的內容介紹了會被鑑定成要介護等級的疾病、疾病的檢查項目，還有預防這些疾病需要攝取哪些營養之類的資訊。因為曾經有諮詢者表示醫院的血液檢查報告都是英文，看不懂，所以我們也放進了血液檢查結果的解讀方法、口腔保健之類的訊息。市面上有很多書都能獲得這些資訊，但大多數的人看完、覺得放心之後，就不會再拿起來讀第二次了。所以我們採用這種形式，讓客人點完餐之後可以順手翻一翻，時時喚起人們的注意。

裡面還有失智症支援者講座的手冊。會放這個，也是因為手冊這種東西有些人拿到會看一下，然後就搞丟了。雖然公家單位的宣傳刊物、或是網路上都有檔案可提供索取，但我們客人比較老派，還是需要紙本。

再來放了中野先生主導的「油菜花」[3]活動介紹。以前我們提供的比較像是二手的健康資訊，現在每個月會舉辦一次健康保健室，有公衛護理師和油菜花的護理師前來協助，還能跟地方照護會議和專業人士建立聯繫管道。

3 油菜花　當地醫師會受幸手市委託在JAM東埼玉綜合醫院內設置的地區合作部門，作為在宅醫療合作的據點。該組織除了舉辦社區設計師的支援活動（「幸杉」體制）及「生活保健室」、醫療及照護專業交流活動或課程，並會協助居民主辦地方照顧會議。另外也參與健康及生活評估調查、在宅醫療協調業務等。

其他還有像是由 PRISM 擔任事務局負責營運的有償志工團體「幸福應援隊」[4]的介紹、反詐騙宣傳等等。

中野　比起社會福祉協議會家事支援服務，幸福應援隊的使用人數，可是要多出一百倍以上喔。

山崎　那麼比起支持社會福祉協議會，政府單位更應該支援的是 PRISM 吧。

中野　跟地區支援事業[5]很像吧。

小泉　我們透過這些方式來提供生活資訊、協助居民做健康管理等等。另外，店裡的背景音樂還會放一九三〇～一九六〇年代的昭和名曲。

中野　就是所謂的懷舊治療。它不只是社會工作[6]的手法，也有照顧護理的作用。

小泉　不用特別說「我們來動動腦吧」，大家自然就會說出「啊～這首是哪位歌手的歌」，或者是「這首有出現在哪位導演的電影裡耶」。

另外，這個是我們自己設計的餐墊，客人只要點餐就會附上。

中野　是十乘十的格子心算遊戲。

山崎　歡迎客人帶回家練習呀。

小泉　裡面還有用中野先生訂定的「生活與健康的十項守則」改編的 PRISM 版本。

除此之外，店裡也開放展售手作商品。「一件東西也好，如果有創作請務必放在這裡賣。」不用支付寄售費，目的是希望客人能多嘗試新的興趣。

山崎 創作者都是哪些人呢？

小泉 在地居民。年輕人到老年人都有，年齡範圍很廣。社區內相關同好社團的作品也會在這裡展示。

山崎 PRISM 每天大約會有多少客人？

小泉 二十～三十人左右。星期日公休，國定假日會營業。有風雨的日子客人雖然比較少，但大家都是為了聊天而來，這是他們最大的樂趣。下午時間幾乎客滿，吧台跟大桌

4 **幸福應援隊** 老年人擔任有償志工的地方互助制度。二〇一一年，幸手住宅區榮商店會接下「埼玉縣地區互助事業」的業務，由小泉先生負責營運，內容包括接受咖啡店「PRISM」的客人及在地整體支援中心的案件諮詢，將應援隊的資訊傳達給需要的人，以填補介護保險制度的不足。

5 **地區支援事業** 二〇〇六年設立之介護保險的照護預防事業，二〇一六年《介護保險法》修正後，進一步展開照護預防、日常生活支援綜合事業，以居民能夠自立生活為目的，提供各種支援服務。

6 **社會工作**（social work） 利用各種技術和方法，協助個人、家庭或團體履行其社會角色，以期過上幸福及身心健康的生活。日文又譯為「社會福祉援助技術」，在日本有國家認證的社會福祉士、精神保健福祉士等角色。社會工作的概念起源於十九世紀英國的慈善活動，現與社會學、心理學、政治學、公共衛生、地區開發、法律和經濟等各領域合作發展。

子通常沒有人坐，大家都把小桌子擠得滿滿的。

山崎　因為不是為了獨處來的。

小泉　沒錯，是為了跟人聊天。即使空間不大也要擠在一起坐，整張長椅坐滿人，很像電線上的一排麻雀。

山崎　這樣後來的人很難加入吧。感覺空間需要做一些調整。

小泉　店內的格局有一個缺點。當初因為想要讓客人在這裡認識新的人，所以設計成從無論哪個角度都可以把店裡看得很清楚的結構。但這樣一來，比較不擅長社交的客人壓力就會很大。

山崎　的確，空間上做一些區隔比較好。

小泉　我自己有反省，應該分成兩個空間比較恰當。而且如果舉辦付費活動，沒有要參加的客人就進不來了，所以現在只能辦一些免費的活動。

向外拓展，連結就會發生

小泉　剛開幕的時候因為客人很少，我看到好奇探頭看的人，或者遇到住附近的人，都會主動搭話。即使到現在也還是需要這麼做，不然新客人都不太敢進來。

中野　新客人很難推開那扇門吧，都是探頭看看就走掉了。或許設計成開放式的空間會比較容易踏進來。

山崎　我覺得外面有一些座位會比較好。

中野　但是住宅區的管委會好像不允許這麼做。

小泉　在店門口放桌子、椅子，會被糾正說：「這樣其他店也會照做，不行。」

山崎　我是覺得其他人照做也很好。

小泉　所以我們就聯合其他店家，一起提出請求。結果這次的理由是：「這樣會擋到路，不行。」（笑）

中野　第一線人員努力想要做點什麼的時候，卻因為環境或制度而卡關的例子，也不少見呢。

山崎　好可惜啊。其實像剛才的問題，天氣好的季節只要在外頭擺上三、四張長椅就可以解決了。

中野　明明誰也不吃虧。

山崎　這都是因為不當的公平性，或者說追求結果的公平性所導致的。純粹只是因為可能會招惹到誰，或是會被誰抱怨而已吧。

當初設計這個住宅區的人應該是特地設計了店外的遮陽空間，讓店家們可以把活動範圍向外拓展。結果完成後，空間的管理人卻以有人會來投訴為理由，禁止店家向外發展，真的很遺憾。或許有人反過來跟管理員抱怨：「為什麼店家的空間不再出來一點！明明有這麼寬敞的空間，不擺點桌子椅子真不像話！」會比較好（笑）。

小泉　如果要改裝的話，我想把面向人行道的那面做成開放式空間，設幾個座位，讓大家可以自由出入。

中野　像木造老屋的走廊那樣。

山崎　如果全部店家都改成這種形式會很熱鬧呢，大家會更喜歡上門。與其探頭找店裡有沒有認識的人，不如把活動範圍向外延伸，讓人可以在路過時隨意搭話，增加來店的樂趣。

大家都關在室內的話就看不到了。小鎮工廠也是同樣的道理，從前因為室內又熱又擠，大家都把工作挪到室外，孩子們看到後就會覺得做東西是很帥氣的工作。自從有了冷氣之後，人們又回到室內，拉下鐵捲門，只能聽到從裡面發出來的敲打聲。

中野　根本不會知道裡面在做什麼吧。

山崎 所以想從事這行的人、想繼承的人也就越來越少，大家紛紛離開家鄉，到外面發展了。

中野 男生看到工作時四散的火花會覺得很帥吧。

山崎 會很興奮吧。聽到金屬打磨發出的聲響，總會讓人忍不住發出驚呼。從小在這種環境，耳濡目染，心裡會萌生「長大後也要那樣」的念頭。社區的環境會造就人的關係，所以，這個住宅區的孩子們能夠在成長過程中目睹 PRISM 現在在做的事，是很重要的。

小泉 店裡偶爾也會有小孩來玩。

中野 擺在外面的出租電動代步車[7]反而是小孩很感興趣，因為它比卡丁車便宜，也更好玩。

---

7 出租電動代步車　一種四輪電動摩托車式的電動輪椅，在 PRISM 咖啡店外以四小時五〇〇日圓（幸福應援隊會員價為三五〇日圓）的租金出借。此一措施於二〇一三年由埼玉縣灰鴿長壽社會福祉基金贊助開辦。

營利與非營利的平衡

山崎　經營費用的狀況如何？

小泉　只靠咖啡店的收入經營。因為沒有補助金是給社區咖啡店做照護預防的，這一點已經去厚生勞動省問過了。

山崎　那店裡收入怎麼樣？

小泉　客單價差不多在五百日圓左右，客人大多停留三～五小時，所以賺不了什麼錢。

中野　是不是因為價格定得比較低呢？

小泉　再高就沒有人要點餐了。還有食材保存期限的問題。

山崎　小泉先生之前在超市工作過，應該對價格滿有概念的。

小泉　大概可以控制在比其他店便宜一點的價格。

山崎　有這樣的背景來做這種事會非常有趣呢。想做社區咖啡店或社區生意的人，通常都沒有零售業的背景，所以不太抓得住消費者的感覺，比如說價格要設定在哪個區間、有多少人會買多少量等等。我自己當然也是這樣。結果就是店雖然開了，但幾年後就撐不下去。

中野　小泉先生要不要考慮用便宜一點的食材？

山崎　原來是用了好東西啊。

小泉　試吃過後，還是會想提供好吃的食物。就算再怎麼便宜，還是不能妥協選擇品質差的食材。

中野　小泉先生還說：「做生意只要不考慮賺錢，就會非常開心呢。」結果被客人教訓要多想一點（笑）。

山崎　二宮尊德曾經說過：「沒有道德的經濟是犯罪，沒有經濟的道德則是癡人說夢。」道出了兩邊平衡的拿捏問題。主張造福人群，不考慮經濟效益的道德行為，總有一天會撐不下去；但是只重視經濟效益，把便宜的東西高價售出，這種不顧道德的行為也不對。

中野　畢竟一般咖啡店跟社區咖啡店的目的是不一樣的。

小泉　因為不是以營利為目的。為了讓店持續下去也得吃不少苦就是了。

山崎　其實朝著營利的方向應該也是可行的吧？所謂的營利，是付完人事成本等全部費用後，把盈餘分配給第三人，對吧？那麼社區咖啡店只要把這部分省略就好啦。以基本利潤為目標，多出來的再考慮可以怎麼回饋給社區。

小泉　難就難在要考慮生活水準的問題。為了讓那些只靠國民年金過活的客人也能光顧，價格還是得訂得低一點。

山崎　原來如此。所以果然還是希望店鋪租金可以再低一點吧，畢竟這也是為了社區好的事。

中野　如果公家單位能幫忙一點就好了。不是補助金那類的，而是讓負擔稍微減輕一點的方式。

小泉　如果能這樣就幫大忙了。

山崎　固定費用是一直要付的吧，房租不能再便宜一點嗎？

小泉　這裡就是一般房租。

中野　沒有介護保險事業者的認證，房租部分就沒有折扣。

小泉　因為我們想做的是照護預防，所以沒辦法只針對老年人，也就拿不到認證了。

山崎　或許不取得認證比較好，畢竟是照護預防的事業。

中野　其實應該要讓制度來配合人的。

山崎　是啊，對住宅區來說，這也是一個賣點。應該好好把這個範例宣傳給更多人知道，比如說，用類似「這裡有這樣的服務可以利用，能讓居民住得更安心」這樣的宣傳話術。

中野　實際上，店裡跟客人的關係非常好呢。客人幾乎會毫不客氣地提出要求，非常直接。我想是因為小泉先生的關係，大家才會放心直說。

小泉　聽到客人說：「有這家店真是太好了！」所以想不幹也不行哪。

山崎　已經建立起信任關係了呢。

中野　對啊，還會有客人來摸小泉先生的身體唷。

小泉　聽起來很像什麼偶像歌手。

山崎　今天是店裡的公休日，但是為了迎接我們，剛才有短暫地開了一下門。沒想到短短的十五分鐘內，就有兩組跟著家人一起來的老太太問說：「今天也有營業嗎？」我心想，這真的是真本事啊。

小泉　明明公告禮拜天是公休日了。

中野　在這個住宅區，即使沒來過店裡的人也都知道這家店喔。

山崎　大家都看在眼裡吧。

小泉　大家應該都在想，這家店到底是做什麼的。只是新客人還是很難踏進來，因為常客們已經形成一個團體了。

山崎　這件事要怎麼克服呢？還是目前沒有克服的必要？

小泉　我們有在進行第三家店的計畫，雖然只進行到一半。

山崎　第二家店就是隔壁的那家？

小泉　「PRICE」[8]，是賣熟食配菜的店。現在還想再開闢一個替育兒世代和老年人牽線的據點。

山崎　是因為這家咖啡店對育兒世代門檻比較高，所以才想另外打造一個不同主題的地方嗎？

小泉　我考慮建立一個請老年人幫忙顧小孩的環境，小孩有人顧的時候，父母就可以在配菜店工作。我的夢想就是在閒置店鋪很多的商店街一口氣開三家店。只要有一個成功經驗，或許也能到別的地方展店。

山崎　越來越多想法耶。果然跟在超市工作的感覺不一樣嗎？

小泉　完全不同。現在好像不太像在工作，賺不了錢，但是做得很開心。雖然家人都很受不了（笑）。

中野　看起來比較像是小泉先生邀請客人來玩。

山崎　之前為了要讓生活開心，應該會花錢去滑雪或打高爾夫球吧。如果扣掉娛樂花費後只剩下一點錢，還不如一開始就賺不了什麼錢，但做得開心。這樣身心應該都比較健康吧，雖然日本經濟可能因此就活絡不了了。

中野　話雖這麼說，也要幫年輕人製造工作機會。如果沒有工作機會，就沒辦法住在當地了。

山崎　這點很重要啊。地區經濟是一個示範，全球資本主義發展過頭，就算改成共產主義也會有走偏的疑慮。讓中間經濟在地區中發展，評估如果要讓每個人在這裡生活需要多少工作，大家再一起分著做。

中野　如此一來，在某種程度上就算是地方經濟了。

山崎　我也是這麼認為。不管國家的經濟好壞，土地價格上漲還是下跌，里山的竹筍都會長出來。問題就在於我們要怎麼利用這點，在地方上做一些有趣的事。

中野　從社區或文化的層級來看，比起回到以前的生活型態，這比較接近創造一個新的地區的概念。如果有國家財政支援，讓地方化經濟變成一種常態，一定很有意思。

8　**PRICE**　請地區中的老年人擔任有償志工烹煮料理，提供豐富蔬食的健康和食餐點，是一間到老都可以繼續工作的餐廳。小泉先生的太太主導，二〇一〇年由埼玉縣灰鴿長壽社會福祉基金贊助開辦。

用好玩的事當作入口

小泉　其實幸手這邊不只我，還有許多人也在辦一些沙龍或活動，可是在地的人都不太知道。大家都以為幸手是一個很無聊的地方。所以我們從二〇一五年開始舉辦「區域園遊會」（地域丸ごとアミューズメント），統一介紹所有的活動，讓大家親自走訪。

中野　把不同團體原本各自在不同地方進行的活動，集結成一個大型活動，舉辦時間則是配合秋天的白銀週（silver week）。

小泉　到那裡可以跟當地人交流，或許就可以交到新朋友、產生歸屬感。同時可以增加老年人外出的機會，對保持健康、延長壽命也有幫助，雖然是個很迂迴的做法。

山崎　不會的，實際上這是個很縝密的計畫。因為很難有方法可以直接達到延長壽命的目的。

小泉　這個企畫的賣點就是「玩樂」。舉例來說，其中一個活動叫做「角色扮演式守護集章之旅」（ロールプレイング風見守りスタンプラリー），獨居老人把地圖掛在脖子上生活四天，玩家得從老人那取得地圖，再依照上面的指示去各店家搜集圖章。雖然我們也有把地圖發給中小學校，但進行得不太順利。

中野　活動範圍太廣了。

小泉　結果沒有看到太多拿著地圖的人。

中野　也是有一些需要反省的點（笑）。不過還是有很不錯的活動，像是「混合市集」（mix market）之類的。

小泉　如果要做展售會，一般都會把身心障礙人士的和一般人士的分開辦吧。但有人覺得其實沒有分開的必要，於是就辦在一起了。

山崎　混合市集的主辦單位是個叫作「快樂媽媽」（Happy Mothers）的團體是嗎？

中野　是的，如果只有小泉先生單打獨鬥就太無趣了。他負責規畫架構，拉更多人共襄盛舉，讓大家看到地方內的人互相連結是很重要的。

小泉　對，雖然區域園遊會是由「埼玉健康與生活市民讀書會」（埼玉健康と暮らしを支える市民勉強会）[9]主辦，但裡面的每個企畫都由不同團體負責。大家說好一起來辦這個活動，不是只顧好自己的部分而已。

中野　我們這個小地方，分開辦也辦不成。

9　埼玉健康與生活市民讀書會　實踐在地整體支援照顧構想的幸手模式，雖然在相關領域間的知名度高，但幸手市民卻反而不太認識。為了提升知名度，二〇一四年在小泉先生等多位「社區設計師」主持下，成立了讀書會。

小泉 公家單位也幫了很多忙。高齡福祉課是主要後援，其他還有社會教育課、市民協動課和社會福祉協議會的協助。

中野 小泉先生也在努力的過程中慢慢跟公家單位建立起信賴關係。雖然合作對象不外乎是特定的幾個人，但個別跟每位都建立了互信關係，反而能確保力量集中不分散。

小泉 對，因為我們這裡有很多位「社區設計師」，每個人都有各自的行動，不斷往前進。所以人跟人的關係也牽來牽去，一直有新的連結發生，非常有趣。

中野 說到底，地區內若是沒有這種信賴關係網，不只在健康保健方面，在其他領域，像是地區防災或是產業之類的也會很困擾。所以像這樣建立關係網的企畫是必要的。這真的是地方的寶物，因為如果只用健康保健號召，是不會有人想參加的。

山崎 用社區營造的名義，也只能吸引到對社區營造有興趣的人。

產業也好，學校教育、社會教育或防災也好，全部都可以視為一個窗口，各自吸引到對該主題有興趣的人，接著再讓全部的人相遇。重要的是由此產生的社會資本（social capital）[10]或人際網絡。

小泉 提供各式各樣的選擇跟入門管道。

中野 沒錯。而且一定要用好玩的誘因來吸引大人們，說教式的活動會讓人反感。小泉先生負責把所有東西集結起來，變成大家看到的入口。

小泉　蒐集各種活動之後，如果不把資訊傳達給更多人知道，就沒有意義了。

中野　居民能自主行動是很棒的。過去，公家單位獨占了公共領域，往後他們變成只是公共領域的要素之一。政府、民間一起合作會是一個更好的狀態吧。

小泉　最近還聽到公家單位的人說：「您做的這些事真的讓我們輕鬆了不少。」

中野　居然已經做到讓他們說這種話的程度了（笑）。

住起來舒適的社區是最終成果

中野　我們現有的專業資訊情報網[11]，裡面包含各個支援者的資訊，像是在地醫師會、牙科醫師會、藥劑師會、營養師會，還有照護人員和公家單位等等。怎麼讓一般民眾知

10　社會資本　指人們擁有的互信關係、人際連結所形成的社會網絡。

11　專業資訊情報網　埼玉縣每十萬人口中的執業醫事人員數為全國最少，尤其是幸手地區，醫院特別稀少。為了解決醫療資源不足的問題，中野醫師採取的對策包括：二〇一一年成立「埼玉利根保健醫療圈地區醫療合作推進協議會」、二〇一二年啟動區域醫療資訊情報網「TONETTO」。截至目前已蒐集超過兩萬名居民的醫療資訊，提高了醫院診所轉診、入出院安排和急診的效率。

道如何利用這些資源，是我們要努力的方向。

但不是援助者和被援助者的關係，而是在雙方互信、互助的過程中，加入專業人員和資源，也就是我們說的「照護社會」。

並不是「因為你很可憐，所以我們幫你」。誰都有可能生病、身體不方便，或是老去。有些人現在身體強健，有些人剛好患上病痛。如果一個社區能把消弭這種不合理性，轉化成地方文化的一部分，那就是一個理想的社區。

山崎　中野先生是專治糖尿病的醫師，糖尿病是一種源自不良生活習慣的疾病，所以更必須和地方居民保持密切關係吧。

中野　糖尿病本身是一個從生活模式（生活モデル）[12]檢視的疾病，雖然醫師一般都是以醫療模式（医療モデル），也就是治療疾病的角度在看診。實際上，疾病是各種因素交叉影響的結果，如果不能理解這點，就無法幫助患者。然而，光靠醫師一個人的力量，是絕對不夠的。

山崎　但另一方面，把幸手的「社區設計師」這種地方資源介紹給患者的行為，是沒有辦法計算保險點數的吧。不像英國的全科醫生[13]可以開社會性處方（社会的処方）[14]。在日本，這比較算閒聊，不會被視為醫療行為。

中野 不不，這就是照護的一種。我們醫師在診間能掌握和滿足的，只是患者本人的部分需求而已，即使成功把病醫好了，也不代表當事人的需求得到滿足。周遭的人事物、環境中的基礎建設、文化等各種面向也要到位，才有可能滿足一個人的需要。不是醫院的工作結束後就大功告成。

也因此，方便居住和舒適的社區是必要的。我認為在地整體照顧，或者一個照護社會的實現，其成果就是誕生出「住起來舒適的社區」。照這個想法來看，社區營造就變成所有事情的基礎了。

山崎 我非常同意您的看法。剛才我會問那個問題的原因在於，假設我是醫院的理事長，對於員工白天到小泉先生那裡幫忙會怎麼想？

在醫院的角度得考慮收入，中野先生在診間看診，每次對病人說完「請保重」就代表會有金錢入帳。而中野先生和小泉先生合作，即使推薦病人去 PRISM 咖啡店光顧，也

12 **生活模式** 相對於以治療疾病為目的的「醫療模式」，「生活模式」則是以改善 QOL（生活品質，Quality of life）為目的的觀點。此觀點認為，當事人的痛苦無法單純歸因於疾病，而是環境中種種因素互相影響的結果。

13 **全科醫生（GP）** 參見第二章註釋14。

14 **社會性處方** 參見第二章註釋15。

不會有收入。

醫院該怎麼看待這件事？如果是有理想的管理者應該還好說話，但其他醫院呢？做與不做是不是沒有差別？

中野 其實我們醫院也不是一開始就能接受這件事。只是後來剛好有一位比較怪的院長（讚美的意思），因為有那位院長，才有現在的我。但是我覺得和院長的信賴關係是要我們主動去建立的，所以我有另外想出替代的營收模式，比如受幸手市委託進行的「油菜花」在地整體照顧活動。雖然我自己在醫院的時間逐年減少，但「油菜花」的營收有成長，代表這個經營模式是可行的。再怎麼說，我也有在經營企畫部門工作的歷練。

山崎 所以說也必須考量收入面是嗎？

中野 我認為這部分也包含在地區醫療的範圍內。

但率先做這件事的其實不是我，以前的醫生們早就在做了。在地方生活，因為擔心地方的未來，即使不願意也得低頭請求、和不同背景的人合作、向公部門長官抗爭。但是大家都不會說太多，因為說出來有可能會惹上麻煩。

山崎 有些說法也可能會人感到不快吧。那些提供幫助的人會認為「地方又不是你一個人打造出來的」。

我年輕時也看過幾次別人犯這種錯誤。社區營造是一件眾人協力合作的事情，但是有很多人都認為有這樣的成果是自己的功勞，而顯得很自豪。所以如果社區設計師說出：「因為做了什麼事，所以有這樣的成果。」一定會被斥責：「這不是你的功勞吧。」

中野　我認為一位會做地區醫療的醫生，也可以勝任社會工作。不過只憑醫生的力量是不行的，還需要小泉先生和其他社區設計師一起分擔。總結所有人的努力才能百分百達到社會工作的目的。而「油菜花」的功能就是在背後支持，確保這個機能順利運轉。

在不同領域奮鬥的人一定會遇到各種障礙。希望這些人可以活用醫療、照護，或任何社會資源，來跨越眼前的障礙。

換個角度想，如果不協助這些人前進，醫療和照護也會前途渺茫。所以我們重視的不是想辦法讓居民參與，而是要如何參與居民的生活。

山崎　您說的沒錯。然後在參與居民生活的過程中，想想自己能為這個人做些什麼，久而久之就會變成他們生活中不可或缺的存在。

中野　因為我們能提供的只有專業方面的建議，所以會在平時溝通過程中解釋醫療可以解決什麼樣的問題，進而提供一些協助。其實這樣的形式也不錯。

民眾只是不知道該怎麼利用專業。醫療對我們的生活其實很有幫助，這部分就得讓地方的人實際體驗過才會知道。

比起網，更像一朵雲

山崎　不只是醫療和社區設計，任何領域都一樣，需要有人利用才能發揮效果。像「社區設計師」小川清一先生在「杉戶SOHO俱樂部」（すぎとSOHOクラブ）的里山再生活動中，教大家打造獨木舟和醃漬竹筍的技能。這種技術一個人獨占也沒什麼意思，不如傳授給大家，享受被叫「老師」的感覺，還比較有趣。

然而，當情況不是技術，變成物品時，就會有進貨成本。「技術＋物品」的組合，多少必須有金錢的循環，但如果做過頭，就會變成像在自動販賣機買東西一樣制式。只要從「技術」、「技術＋物品」、「物品」這個範圍中選擇，並考慮提供服務的場所，來決定自己可以如何替地區經濟盡一份力即可。事實上大家沒有那麼拘泥於形式，都是憑感覺在交易。

如果要把在地整體照顧畫成一張圖，大概會用線條畫出一個網狀的圖形。但是線條的意義很多，有可能是資訊、物品，也有可能是金錢的交換，並非用一條線就可以完整表達，線條和箭頭交換的東西才是最重要的。

中野 我的老家是賣酒的，除了酒，其實也賣情報。有不少人因為得到了情報，就意思意思順便買一下酒，下次再換另一家酒行幫客人解決各種疑難雜症。我想鎮上的電器行也是這樣吧。

山崎 我們在studio-L協助的案子[15]裡，認識了一位秋田縣小酒館的媽媽桑。她因為看到許多老年又獨居的男性常客，就開始在午餐時間提供便當，這些客人只要去喝酒消費就好。

中野 這樣就可以收支平衡了。

山崎 昨天，我在某個復健護理之家，聽到一位太太過世的單身男性說要開照護咖啡店。我問他一個人做嗎？結果是以前喝酒的小酒館媽媽桑會來幫忙。

小酒館不只提供酒精，也是一個交換情報的人際網絡。這種你幫我、我幫你的關係可以持續一輩子。這些個別又具體的關係，正是打造地方的力量。在地整體照顧同樣也必須重視這樣的關係性。

---

15 忘年之交企畫 探索邁入超高齡社會的秋田市現狀並思索未來的企畫，其成果呈現為一場展覽——「二二四〇歲的風格——越陳越香的人生學長姊們」（秋田縣立美術館，二〇一六）。

中野　所以，在幸手，所有醫療相關的照護都是從區域開始落實。以往得來醫院才能進行的活動，我們全部外包，在地方上的各個地方執行。這個體制就是幸手模式。

山崎　原來如此。常看一些在地整體照顧的書中都會教到諸如「為了建構人際網絡」、「把社會資源的資訊傳遞出去」、「要舉辦○○會議」等等。但比起這些，更重要的是像這樣不斷地討論、交流。

小泉　反而不是那些看起來很難的事。

山崎　聊天的時候，雖然前面談的內容已經忘掉大半，但是當又提到某個話題，漸漸也會出現「啊對，我想到了」這樣的反應。之後學者教授把每個人的關係用線條圖像化了，然而實際上大家的互動是長這個樣子的。

「區域園遊會」內的每項活動都有一至兩位核心人物吧。這些核心人物之間，還有團體之間，該怎麼串聯，我們來畫個圖看看（打開筆記本動手畫）。

雖然需要花費一點時間，需要有某個人負責牽線，就像小泉先生在做的一樣。我覺得不是從外部，而是讓其中的某個人來負責比較好。

不管大場地或小場地，只要這些人辦活動，就有一定的號召力。這種有領袖魅力的人，不管在教育或消防等不同領域都有吧。

中野　還有環境、文化或運動這些領域。

山崎　辦過幾次活動後，大家的關係會越來越深厚。雖然大家一般都會把關係圖畫成網狀，但實際上應該比較像一朵雲吧。

中野　混亂的、和水一樣具流動性的特質。把問題丟進去，就會像水一樣變形，但卻會無條件地包容。我覺得這是一個地方上大家共同的財產。

小泉　的確。只要合作過一次，產生的連結就會逐漸擴大。

中野　這就是一個照護社會的樣貌。

信任與資訊共享

山崎　有些人以為不需要花費太多心力，就可以形成這朵雲（或類似這樣的形體）。實際上，每個團體的代表以及他們的追隨者，都是有意識地彼此串聯，深化關係，然後「某個東西」就在這個過程中形成了。

中野　我認為「某個東西」指的就是共感，或信賴關係。

山崎　沒錯。現在的社會過於分裂，失去了能夠培養出「某個東西」或是這朵雲的基

圖｜信賴關係的雲朵

在地方活動的各個團體之間，一旦建立起信賴關係，就能產生「雲朵狀的東西」。大家會把情報往裡頭丟，需要情報的時候也可以從裡頭取用。有了這朵雲，只需要和身旁的人持續交換情報，這些情報和關係就會自動被大範圍地分享出去。

礎。或是對於舊的基礎──例如團體內的古板規範，感到不滿而選擇脫隊，但物理上卻離開不了，只能被孤立。因此需要用新的形式，重新把那些「不想再有牽連」的人們，再次牽上線。

那些各自活動的有趣人們，只要主題式[16]合作幾次後，就會漸漸把各種資訊拋進這朵雲裡，於是這朵雲又會產生不同形狀。想要情報的時候，就從這裡取用。

中野　人如果沒有信任感，是不會輕易交出情報的呢。

山崎　對，因為信任大家，才會不斷把資料更新到雲端。

中野　只要把健康保健的資源放上去，大家就會主動利用。所以我們只要把重心放在如何提供更便民的服務就好。

山崎　要大家合作只為了打造這朵雲是行不通的。但是沒有這朵雲，各自悶著頭做事，遲早也會疲乏。兩邊兼具很重要啊。

中野　這朵雲有時候需要守備，而有些時候為了讓事情順利進展，我們也得支援掩護射擊的工作。這件事之前就發生過，剛開始由於社區咖啡計畫和小泉先生牽上線後，我們

16　主題式社區及地緣式社區　社區分成兩種類型，主題式社區是由共享特定興趣或問題意識的團體所組成；地緣式社區則由居住在鄰近區域的團體組成。

得各自在不同領域耕耘。因為小泉先生跟我不能做一樣的事，小泉先生負責跟大家建立信任，我則負責和公家單位交涉之類的工作。

山崎 有各自擅長的領域。

中野 做了四～五年後，已經掌握到技巧。按照自己的預設執行幾乎都可以順利達成。

可能有些地方從以前就在做這些事，不過對幸手來說是現在進行式。我想，讓大家看到這個過程是很重要的。

山崎 要一口氣生出這朵雲是不太可能的。我覺得一定要經過幾次您說的嘗試犯錯，才能產生這朵雲。

大家都沒有意識到雲的存在，以為自己是從某個人那裡得到的情報，其實很有可能只是那個人把從別人那裡得到的情報再提供給你而已。這樣的情報交換重複個幾次，就會生出一朵以信賴為基礎的雲。

這和世界咖啡館每二十分鐘交換一次座位進行主題討論，最後全員能共享所有想法的形式很像。和四面八方的人產生連結，整體而言，就能培養出一朵儲存所有必要資訊的雲。

該怎麼稱呼這朵雲呢？還沒有一個正式的名稱。普特南[17]應該會說：「這就是社會資本啊。」

中野　我們覺得不管有沒有意識，能包容一切的還是共感與信賴關係。只要有了這層基礎，對方就會覺得「小泉先生講的話不會錯」，或至少讓人不會排斥我們的提案。如果由我來講的話，別人一定會覺得是為了醫院的經營考量（笑）。所以一定要由信任的人來說。小泉先生為了幫助身邊的人，善用了我們手上擁有的情報和資訊網絡。在必要的時候，只拿需要的量，充分地運用了「油菜花」的資源。最後聽到「謝謝」這句話的不是我們，而是小泉先生。「謝謝您幫忙介紹好醫生、好護士。小泉先生，謝謝您。」一定得透過這種形式才行。

山崎　這個過程重複幾次，與更多人產生關係，雲就會膨脹得非常大。當你再次從裡面取出情報的時候，獲得的資訊量將會比之前輸入的量多很多。

金錢跟物品會隨著交換增加或減少，但把情報輸入這朵雲，再從雲裡取出來，情報量卻不減反增。就像把朋友介紹給別人，朋友並不會因此消失一樣，這不是零和遊戲。

17　羅伯特．普特南（Robert D. Putnam, 1941～）美國政治學者，提倡社會資本的概念。

小泉　朋友反而會越來越多呢。

山崎　嗯……這朵雲到底是什麼啊？越是付出，獲得越多。越是付出，越有樂趣。好像在猜謎一樣（笑）。

比起一個人手打蕎麥麵，不如聽大家叫一聲「老師」，大家一起做來得有趣。即使沒有金錢的交易也很快樂，生活的滿意度跟著提升。不過製作蕎麥麵也需要材料費，如果不介意是否賺錢，只要讓學生們出一點學費當材料費，就可以獲得「高度滿足的關係」。

在地方不一定需要賺很多錢，但「賺得人脈」或「賺得關係」的方法卻相當重要。我相信這也是一些人的生存之道，身上幾乎不帶現金，靠著地方居民的幫助就活得很好。

中野　好像在河川流水處設置水車運轉，然後單靠水車的供水維生。

山崎　因為河川是一種會持續流動的能源。

中野　即使讓水車運轉，也不會耗盡河川的水。

山崎　從前人們都是這樣生活過來的吧。如果當能源使用，也是看怎麼使用。

中野　問題出在搭便車的人，也就是那些覺得用錢就能買到服務的人。這種人通常不想和別人有牽扯，所以如果不夠有趣或者無法引起共鳴，他們就沒有參與的意願。

小泉　像有些人就會說「沒關係，我可以去東京」這種話。

中野　沒錯。所以我認為借助設計的力量是必要的。設計的力量強大到足以讓人停下腳步，喚起人們使命感；還能把複雜困難的事情，呈現得簡單明瞭。不好意思，在真正的設計師面前班門弄斧……

山崎　不會不會（笑）。

照護的核心是社會工作

中野　說到設計，我覺得建築也是在照顧人們的生活。談到居住環境帶給人的影響，其中就包含了社區發展[18]的要素。

山崎　醫生也是，回溯到醫生被稱呼為「藥師」的年代，那時的藥師會親自到病人家登門拜訪，評估居住環境，提供改善的建議。比如牛舍跟廚房距離太近，會造成病菌傳染，應該調整一下房子的格局，諸如此類。到了高度經濟成長期時，家庭跟醫院的功

18　社區發展（community development）重視改善居民生活和事業計畫參與的地區社會開發。原先是殖民地開發的用語，多用於支援發展中國家的情境。近年也用於已開發國家，是讓居民透過地區活動參與社區事務的手法之一。

能被劃分開來，這種方式就漸漸被遺忘了。所以一旦恢復以往的做法時，大家會覺得很棒、很創新，實際上這在從前是很常見的。

老實說，建築師的情況也是一樣。過去要幫忙解決居民生活整體的疑難雜症，趨向分工之後，變得只顧著埋頭畫設計圖而不太到現場，居民訪談也頂多只做一、兩次。所以碰到公共建築的案子時，就會不知道該找誰進行了解。

中野　現代的建築設計有辦法連同生活情境一起通盤考慮嗎？

山崎　這個嘛，其實追根究底，醫療和建築的源頭是一樣的，可回溯到英國制訂公共衛生法的一八〇〇年代。這件事後來往兩個方向發展，其一是發展出英國現行的國民健康服務體系（NHS）；其二是居住環境整頓，訂定了建築領域的法律「沙夫茨伯里法」（シャフツベリー法），為後來的建築基準法和都市計畫法奠定基礎。

中野　原來是來自同一個源頭啊。

山崎　是的。當時霍亂爆發，一個月將近有六百人死亡，後來有位醫師[19]強烈建議必須整治下水道。

中野　從根本解決問題。

山崎　那可是土木工程耶。因為覺得這樣子下去不行，於是動身去挖下水道的行為相當有趣（笑）。醫療和建築雖然在現代是完全不同的領域，在從前卻是一樣的。

照護的範圍涵蓋了建築物和醫院，在這兩者之間有非常多的職業和領域。各個領域如何從硬體面乃至軟體面去實踐廣義的照護，照顧人們生活的健康和衛生？這時候很重要的一點，就是發揮類似社會工作的機能。

中野　其實前提就是多樣性。因為有多樣的組成，就可以明白其背後是一連串問題的因果關係交織而成，沒有辦法只靠一個解法，每個人都是當事人。

所以，無法簡單把人分成「有問題的人」和「沒有問題的人」。為了幫助那些身上背負各種問題的人們，首先必須先釐清目前的狀態。這時社會工作就能派上用場。如此一來，哪個部分可以用醫療解決，哪個部分可以用建築解決，就很清楚了。

山崎　了解社會福利相關的事，其實對我們這行也很有幫助。比如說辦工作坊，遇到當地方居民說出「要讓地方有活力，只要開柏青哥店就行啦」的時候，如果還不擅長應付

19　約翰．斯諾（John Snow, 1813-1858）　十九世紀英國外科醫師，被稱為現代流行病學之父。一八五四年倫敦蘇活區爆發霍亂疫情時，他實際走訪病患住家了解情況，進行疫情分布調查，最後調查出傳染途徑為被汙染的飲用水。其對婦女生產時的麻醉醫學也貢獻良多，於維多利亞女王的第八個孩子出生時，為她實行了世界首創的無痛分娩技術。

這種場面，就會不小心說出：「不，應該不是需要柏青哥店吧。」一旦此話一出，就很難順利進行了。

中野 原來如此。我覺得醫生應該也會說出一樣的話。

山崎 建築師也不小心犯了醫生和護士那種出言禁止病人的行為。

中野 因為專業人員的職責都是一樣的吧。

山崎 結果，被反駁的人因為沒有成就感，之後就不來了，工作坊也沒辦法順利進行。

中野 山崎先生也有那種經驗吧。

山崎 有的，後來我說話漸漸改成肯定的語氣，或是先肯定再接著提出建議。同事之間也會互相討論，哪種方法能讓事情順利進展。不過之前看了社會福祉士寫的文章，提到個案工作的基本原則「貝斯提克的七大原則」（バイステックの七原則）[20]，其中有一點「非批判的態度」。看到這裡，我心想：「不就是這個嗎！」也就是說，好壞與否不是由我們判斷，無論什麼意見，背後都有中野先生剛才提到的多樣性背景或因果關係。所以重點不是柏青哥店好不好，而是必須要去探究為什麼對方覺得好。

在我們的工作中很重要的是，用生活模式的觀點，或者說要想辦法去了解對方的整體生活樣貌。這件事沒有一個具體的名字，原本以為是我們自己發明的方法，殊不知在七十多年前的社會工作文獻裡就記載了同樣的論述。

在地整體照顧就是「我城模式」

山崎 這次的訊息量很多呢。

中野 幸手模式還只談了一半而已。除了內容之外，還得加上相對寬鬆的體制才是幸手模式的全貌。

我們不太會使用地方整體照顧這個字。我們想做的是「把幸手打造成照護社會，大家都可以在裡面生活」。

山崎 在地整體照護實際上想達成的願景也是如此吧。當初創造這個用語的時候，基本上只是勾勒出一個框架，不同地區再依據自己的情況採取不同做法。

所以我覺得「幸手模式」是一個很棒的名稱，不是要大家有樣學樣，而是比較接近

20 **貝斯提克的七大原則** 美國社會福利學者貝斯提克於一九五七年在《個案工作關係》一書中提出的個案工作原則。包含①個別化、②接納、③有目的的情感表達、④適度的情感介入、⑤非批判的態度、⑥案主自決、⑦守密。

「我們碰巧採用了這種做法喔」。

中野　當初揭示「在地整體照顧」主張的時候，並沒有設定目標和目的。只提出幾個事例，讓很多人都把重點放在執行居家醫療、醫療社會福利合作和地方照護會議，以為「執行過程」本身就是目的。應該再多多強調，到底是為了什麼而做。

山崎　關於這點，明白的人就會明白吧。

中野　在那些明白人看來，會覺得「這概念很新奇嗎？不是老早就有了」的感覺。

山崎　而那些感到耳目一新的人很努力地嘗試每一種建議手法。但事實上，手法其實沒有那麼重要，然而這件事很難對他們開口。

中野　比起很早就開始行動，有一些經驗累積的前輩們，我們還算是新人。只是他們幾乎不太會宣傳自己的事，而大家因為看得到我們的過程所以很好理解，其實並沒有什麼特別之處。幸手只是從頭開始累積那些對別的地方來說很稀鬆平常的事情。

最近只要被問到：「簡單來說，幸手模式是什麼？」都會覺得很困擾，這根本沒辦法用一句話解釋。

山崎　我自己也會不小心講出「簡單來說」這句話，但是有很多事情是無法三言兩語道盡的吧，反而會覺得簡而言之的意義何在。所以您的問題很真實地反應這種一言難盡的處境。

中野　就好比很難用言語來說明一個空間一樣。

小泉　不知道該講哪個部分。

中野　結果只能講個局部，但那就稱不上是幸手模式的說明。

山崎　有人聽完之後會覺得不滿意。如果能自己抓到其中的精髓倒還好，但還是有人會跟你說：「你做的案例光用聽的還是聽不懂。」

老實說，我們能做的只有把案例列出來。因為每個案例都是不同內容、不同人物，沒辦法統整後告訴大家「簡而言之，社區設計就是這樣」。最困擾的是，很多來聽演講的人都會一副希望你講重點的樣子。不過我現在覺得，一件事如果無法簡單扼要地說明，就不用勉強精簡。

幸手有很多社區設計師，大家交換著各種情報、互相協助。同時也有醫療和看護的專業人員參與其中。這些人的集結，在每一天交換新資訊的過程中，不斷產生新的連結。

在這個社群中的人們善用關係和情報，再把產生出來的新人脈和新情報回饋給社群。讓這個模式能夠順利運轉的，一定是人跟人之間的「信任」吧。

這些事情靠著巧妙的平衡才得以成立，用「簡而言之」來說明的話會顯得很虛假。

不過我覺得也沒有關係，做這些事不是為了向人宣傳，所以只要知道自己是在為誰付出就好了。

今天非常謝謝兩位！

〈二〇一六年五月二十二日，記錄於埼玉縣幸手市元氣站．PRISM〉

4 如何打造一個照護社區？

雄谷良成
社會福祉法人佛子園 理事長／僧侶
×
西川英治
株式會社五井建築研究所 代表／建築師

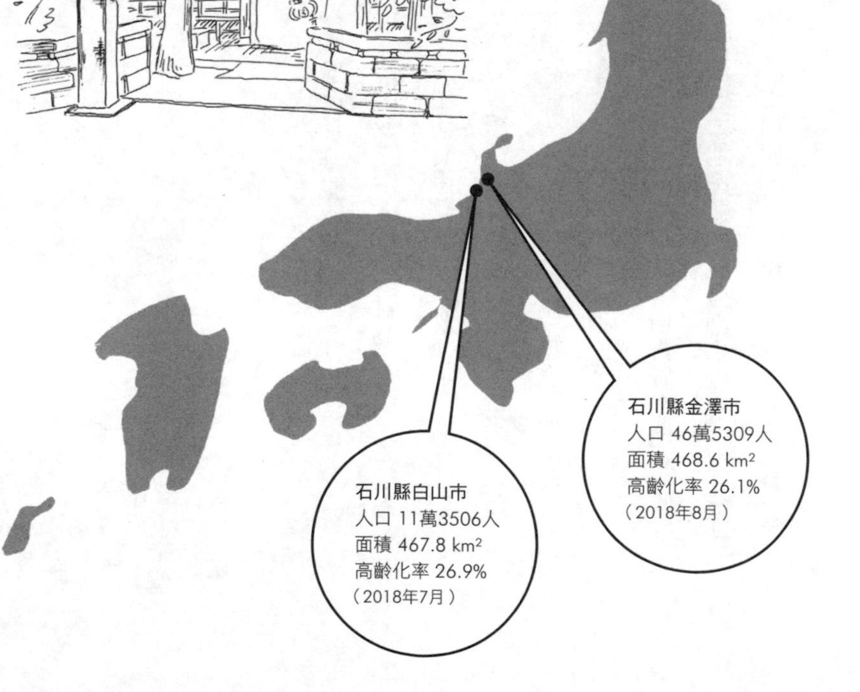

無關人的年紀、出身或身體健康與否，混居型態，才是社區本來的樣貌。Share金澤、三草二木西圓寺

只替老年人考量的「在地整體照顧」，本身就違反了「整體」的理念。「地區共生社會」即是在這樣的問題意識之下誕生出的關鍵字。特色之一，就是其對象不僅是老年人，還包括身心障礙者、低收入戶、孩童和育兒家庭等，生活有困難的人。其次，因為認知到垂直的公部門支援有其限制，故以跨越制度和領域的整體性支援為推行目標。第三，支援者的角色不限於公家單位，還有在地者和地方各團體間的合作支援；並且超越「支援者」和「被支援者」的關係，互相扶持協助。以上，皆是以「地區」為基礎來進行。

這裡明確指出要打造的是一個「地區」或「社會」，而不是制度。相對於在地整體照顧以既有制度和相關單位合作為主軸的「累積型」理念，地區共生社會則是以實現理想社會為目標，並以此來擬定對策的「倒推型」理念。話雖如此，這個說法仍然過度理想又曖昧不清。一個理想社會的具體樣貌，必須由我們自己來描繪。

世界上存在著大草、中草、小草，大樹和小樹，不論大小形狀，都會有陽光和雨水灑落在每株植物之上，各自成長。以這個佛教的比喻為概念設立的「三草二木西圓寺」，既是身心障礙者的生活就業支援機構、老年人日間照顧中心，也是溫泉設施、提供零食和蕎麥麵的餐廳。患有疾病的人、健康的人、小孩、大人和老人，全部聚集在這個用廢棄寺院改造而成的寬敞空間裡，散發著一股混亂的氣息。然而多虧了這個混合式空間，地方居民間的交流增多、外移人口減少，甚至還有新住民搬進來，附近周邊的人口也開始增加了。出入日間照顧中心的身心障礙者和老年人，也因為彼此互相幫忙，而達到復健的效果。

雄谷良成先生因為意識到這才是社區應該有的樣子，於是便和志同道合的夥伴，從無到有打造社區，也就是金澤市郊外的「Share 金澤」。除了支持居民生活的商店和餐廳，還設有障礙兒安置機構、老年人日間照護中心、服務型老年人住宅、學生住宅、溫泉設施，以及農地和羊駝牧場。負責設計的西川英治先生提到：「設計的不是硬體，而是一個生活場景。」目前，兩人利用這樣的手法，一同在其他地區繼續進行社區營造。

活用廢棄寺院改造而成的照護福利和多世代交流據點「三草二木西圓寺」。

表｜社會福祉法人佛子園事業據點

石川縣內

地區	據點	事業內容
本部（白山市）	B's Support	諮詢支援
	B's Clinic	整形外科·復健、社區保健室
	B's托兒所	小型托兒
	B's兒童Labo	兒童發展支援中心、身心障礙兒童課後照顧、托兒所訪問
	B's Net	在宅支援、地區生活援助
	B's Work	就業持續支援A、B型、生活照護
		GOTCHA! WELLNESS（社區集中型健康機構）
		KATO Kitchen Studio（料理教室）
		B's Grill（送餐服務）
		883Cafe（咖啡店）
		B's Flower（花店）
		行善寺溫泉、行善寺藪（蕎麥麵店）
		溫泉、飲食
	B's Homes	團體家屋（十二處）
	三草二木行善寺	社區集中型日間照顧、到府照顧、身心障礙者短期安置
南加賀地區	星岡牧場	身心障礙者支援機構（機構入住支援、生活照顧、短期安置）
	生活支援網Be星岡站	兒童發展支援、身心障礙兒童課後照顧、諮詢支援、居家照顧、地區生活支援事業、團體家屋（七處）
	星岡就業中心	就業持續支援A、B型
	根上就業中心	就業持續支援B型、生活照顧
	三草二木 西圓寺	就業持續支援A、B型、生活照顧、老年人日間照顧、身心障礙兒童課後照顧
	GOCHA! WELLNESS KOMATSU	就業持續支援A型
金澤地區	Share金澤	身心障礙兒童安置機構、就業持續支援A、B型、就業移轉支援、生活照顧、老年人日間照顧、團體家屋（二處）、居家照顧、到府照顧、安親班
	S-Veranda	兒童發展支援、身心障礙兒童課後照顧、諮詢支援
	Able Veranda Be	兒童發展支援、身心障礙兒童課後照顧、就業持續支援B型、臨時照顧服務
	Kids Veranda Be	兒童發展支援、身心障礙兒童課後照顧、就業持續支援B型、臨時照顧
	町家salon無盡	就業持續支援B型
	鬍鬚張魯肉飯金澤工大前店	就業持續支援A、B型
	鬍鬚張魯肉飯AEON御經塚店	就業持續支援A型
石川中央地區松任	美川37（みんな）Work	就業持續支援A型（JR美川車站站體指定管理）、就業安定支援
	松任23（ふるさと）Work	就業持續支援A型
能登北部地區	日本海俱樂部The Farm	機構安置支援、生活照顧、就業持續支援B型短期安置
	生活支援網Be	就業持續支援A、B型
	日本海俱樂部站	身心障礙兒童課後照顧、共同生活援助（團體家屋五處）、諮詢支援、移動支援、臨時短期照顧
	輪島KABULET®	團體家屋、服務型老年人住宅、短期安置、到府照顧
	B's Work輪島	就業持續支援A、B型、生活照顧
	B's Work WAJIMA日間照顧中心	日間照顧
	B's兒童Labo輪島	身心障礙兒童課後照顧、兒童發展支援

JOCA合作事業

宮城縣岩沼市	IWANUWA WAY	災區支援、地區創生
廣島縣安藝太田町	安藝太田X3 PROJECT	地區創生
鳥取縣南部町		地區創生
長野縣駒根市		地區創生
大阪府攝津市		地區創生

海外

不丹事務所	與當地NPO法人合作、出口不丹蕎麥、就業支援研修

2018年11月資料

雄谷良成 （Oya Ryosei）

1961年出生於石川縣。社會福祉法人佛子園理事長、一般社團法人生涯活躍社區推進協議會會長、公益社團法人青年海外協力協會會長、日蓮宗普香山蓮昌寺住持。
1984年金澤大學教育學系畢業。於白山市成立特別支援學級後，以青年海外協力隊員的身分被派遣至多明尼加共和國，協助訓練身心障礙福利指導員等。回國後，歷經北國新聞社、金城大學兼任講師，進入佛子園。成立「星岡牧場」、「日本海倶樂部」等身心障礙者福利機構後，利用廢棄寺院打造社會福利機構「三草二木西圓寺」，同時兼具不同世代交流的場域，也因此意識到社區營造的力量。興趣為重型機車。

西川英治 （Nishikawa Eiji）

1952年出生於石川縣。一級建築士、社團法人日本建築師協會登記認證建築師、株式會社五井建築研究代表、石川縣建築士事務所協會會長。
1975年神戶大學工學部建築學科畢業後，1981年進入株式會社五井建築研究所，2002年就任代表董事。經手設計的「Share金澤」獲頒2014年Good Design優良設計獎、石川縣景觀大賞、中部建築賞、2016年醫療福祉建築賞等；金澤商工會議所獲頒2015年中部建築賞、石川縣設計展縣知事賞、2014年金澤都市美賞；河北市宇之氣中學獲得2008年知事賞等，獲獎無數。

從身心障礙者福利到社區營造

山崎 今天我們的與談人，是打造出日本版CCRC[1]範例「Share金澤」（以下簡稱Share）的社會福祉法人佛子園雄谷良成先生，以及Share的設計者——五井建築研究所的西川英治先生。兩位請多指教。

可以先請雄谷先生幫我們說明佛子園在做的事情嗎？

雄谷 我們的事業據點主要在石川縣（見前頁附表），目前正在進行的兩個社區營造計畫分別是「B's Project」和「輪島KABULET®」。縣外也和青年海外協力協會[2]合作災區支援和地區創生活動。這些全都是和西川先生一起進行的。

B's Project用原本是寺院的佛子園總部來加以改建，再把周邊打造成混合式的社區空

---

1 CCRC（Continuing Care Retirement Community）發源自美國的概念，指退休後的老年人在身體健康的時候，移居至邊接受醫療照護支援、邊從事活動的社區。日本政府目前推廣的「生涯活躍社區」即是日本版的CCRC。

2 公益社團法人青年海外協力協會（Japan Overseas Cooperative Association, JOCA）青年海外協力隊的隊員歸國後成立之組織，在地方舉辦國際交流及國際合作的活動。二〇一五年與佛子園締結「地方創生整體合作協定」。

間。同樣地，Share也是超越世代和身體障礙的藩籬，任何人都可聚集在此，互動交流。

其中，我們的事業核心「三草二木行善寺」，是一個具備就業持續支援A、B型機能，並設有老年人日間照顧中心的福利機構。除此之外，區內還有天然溫泉、蕎麥麵店、按摩、KTV。而環繞在行善寺周邊的服務包括，諮詢支援、身心障礙兒童課後照顧、兒童發展支援、到府照顧和送餐等居家服務，並設有團體家屋、診所、托兒所。

輪島KABULET®的名稱，係來自輪島盛產的漆器「輪島塗」，因「接觸到漆會紅腫過敏」（日文發音為：KABURERU），故有此命名。Share和輪島兩者都被政府認證為「生涯活躍社區」（生涯活躍のまち）[3]，由輪島市、佛子園、JOCA三個單位共同合作。

這個計畫首先讓有青年海外協力隊經歷的人移居到輪島。當時，招募訊息才公告，一下子就湧入不少人報名，最後不得不放棄三十位報名者，只錄取十位，連同他們的家屬，最後總共有二十一人。由這些移居者和當地居民組織的住民自治團體，共同負責企畫和營運。

Share是有特定區域範圍的「區域型」CCRC，輪島計畫則是遍布整個區域的「城鎮型」營造。市區中的空屋和空地，全數打造成像行善寺那樣的多世代交流據點，四散各處。之後會再提到，這個體制的關鍵字就是「共享」[4]。

其他和JOCA合作的社區營造計畫有宮城縣岩沼市的「IWANUMA WAY」，協助災區復原、復興和創生；以及廣島縣安藝太田町鄰近山區地帶的「x3 Project」、鳥取縣南部町和大阪府攝津市的地方創生活動等等。

打造保障身心障礙者安全生活的地方

山崎　我先確認一下，佛子園是一家社會福祉法人對吧。為何會經手這種大規模的社區營造事業？在雄谷先生接手經營前就是這樣了嗎？

雄谷　不，佛子園原本是跟身心障礙者福利相關的團體。最初是因為白山市妙林山行善寺的住持收容扶養戰爭孤兒，進而開設了智能障礙兒的安置機構。那位住持是我的爺

3　**生涯活躍社區**　日本版CCRC的構想為「東京圈等地區中的老年人，移居至自己期望的地方或市區，一邊與不同世代交流，一邊過著健康有活力的生活。必要時還有醫療、照護支援的地區營造」。

4　**共享（share）**　以往指的是家人或朋友、認識的人之間彼此分享物品、金錢、勞力和時間。近年來，網路的普及催生出「共享經濟」（Sharing economy），讓初次見面的人們也可以共享這些資源。以美國發源的網路運用服務最為知名，包括提供自家空間讓旅人留宿的Airbnb、用自家用車提供載客服務的Uber等。透過共享讓新的人際關係發生，其影響範圍不僅在經濟層面，甚至成為一種新的社會型態。

爺，我的父母也是一路從事身心障礙者福利工作過來的。

山崎　雄谷先生繼承後就開始著手進行現在的事業嗎？

雄谷　也不是的。我進入佛子園之前想做的事情很多，做過身心障礙兒特別支援學級的老師，參加過青年海外協力隊，也在報社工作過。

山崎　青年海外協力隊？

雄谷　對，去多明尼加共和國，協助訓練身心障礙福利指導員。雖然辦公室在首都，但抵達之後立刻遭受催淚彈攻擊（笑）。

經過一段時間後，陣地轉移到鄉下，那裡不用說學校，就連水和電都沒有。為了籌措蓋學校的資金，我和當地人一起整地搭雞舍，從賣雞肉、用雞糞種田開始。原本生活困苦的人們因此有了收入，開始自立生活。

山崎　因為發現這樣的方式可行，於是發展出現在的活動嗎？

雄谷　是的。那時候覺得也不用侷限在身心障礙者福利這一塊。當初在協力隊認識的多明尼加人雖然貧窮，可是人跟人之間有很穩固的牽絆，不論身體方便與否，都會互相幫助。日本的社會保障制度雖然完善，但居民之間的連結比較弱。因為想學習如何結合社會體制和地方力量，回國之後就進入家鄉的報社工作。在那裡歷經六年的地域振興等活動的洗禮後才進入佛子園。

山崎　當時佛子園只有身心障礙者福利的事業嗎？

雄谷　當時老家只有經營一間障礙兒安置機構。所以被安置的孩子們成年後就得搬離機構，進入團體家屋生活。如果是輕度障礙的人還可以就業，不過有些人在職場遭受嚴重的虐待，不然就是環境惡劣，連薪水也拿不到。

差不多是小學前半段的時間吧，我都在老家經營的機構和那些孩子一起生活。看到一起長大、情同家人和手足的朋友受到那種對待讓我非常震驚。我心想，得打造一個能保障身心障礙者安全生活的地方，於是利用在報社學到的知識，開設了身心障礙者支援設施「星岡牧場」，還有能登的「日本海俱樂部」。之後也陸續展開一些我認為有必要的事業。

其中最接近社區營造概念的是二〇〇八年的「三草二木西圓寺」。

山崎　讓廢棄寺院再生，現在已經變成了溫泉是嗎？

雄谷　是溫泉設施、社會福利設施，也是社區空間。身心障礙者和失智症老人跟附近居民、孩子們，在這個空間裡一起相處，過程中障礙者和老人的症狀改善，還出現了復原的效果，這是我們之前不管怎麼努力都達不到的。附近人口和家庭的數量增加，先前切斷的地緣關係也恢復了。一切都讓我再次感受到這些努力所發揮的效果。

山崎　接著發展的就是Share金澤嗎？

雄谷　這次是有意識地去執行那些在西圓寺發生過的事。

業主表示：「就算沒有建築物也無所謂。」

山崎　兩位的事業規模實在太過龐大，不知道該從哪裡開始問起。先談談兩位當初認識的契機好了。

西川　雄谷先生要做Share計畫的時候，其他的合作對象將我介紹給他，就這樣認識了。不過第一次見面的時候雄谷先生的話很少。

雄谷　其實是因為西川先生的五井建築研究所是石川縣頂尖的建築設計事務所，那時候覺得必須畫好界線。我個人對大型建築設計事務所有偏見。

之所以會這樣說，是因為我們在一九九八年蓋「日本海倶樂部」時也是委託縣內一家數一數二的建築設計事務所。結果對方並沒有好好消化我們的想法就自顧自地進行，即使我們有一些提議，對方也不肯聽。所以後來就希望可以找能站在同一陣線思考、一起突破困難的人。

有了那次經驗，西圓寺的案子我們就找了當地的小型承包商合作，可是他們並沒有畫出那種規模的設計圖的能力，於是我就自己用鉛筆畫了。「如果是這個角度，櫃檯會看不到入口，客人有可能會不吭一聲地直接進去泡湯。」一邊思考情境一邊畫圖非常有趣呢。

我們後來才了解，小型承包商能使用的資材有限，因此就找了專門改裝店鋪的公司加入。然而我們的物件跟一般商業設施不同，無論在外觀或成本上都不能用相同的標準評估，所以結果還是不順利。嘗試了各種方法之後，就有人幫忙介紹了西川先生。

山崎　不過雄谷先生一開始還是保持了點距離，這點西川先生有感受到嗎？

西川　有覺得他的反應很平淡，所以正式收到委託的時候有驚訝了一下。

計畫開始之後也是經過了一些磨合。比如說 Share 的規畫階段，我們提出了四十個以上的提案，其中也有幾個我們自己覺得很棒的想法。然而雄谷先生認為太過著重建築的表現，「說得直接點，我覺得就算沒有建築物也無所謂。」所以重點在於內容，他希望我們可以想想，怎麼才能讓人們在這個場域認識、交流。

我們建築師很容易會認為具象徵性的空間才是建築。山崎先生應該是因為沒辦法認同這種想法，才轉而做現在的工作吧。

山崎　話題稍微岔開一下，近代建築的確是如此，設計者必須有明確的主張。

在日本的明治時代，建築師是強行介入建築工人和案主之間的角色，必須發揮一些作用，於是便憑著「近代建築就是要設計作品」的想法，引用包浩斯[5]的概念提出一套建築理論。後來，逐漸有些建築師對這種觀念產生疑問，不過也不能抽掉建築師的角色，讓工人和案主自己蓋啊。很多建築師就在這兩者間搖擺不定。

西川　現在有不少人就是在為了這些事煩惱。我自己也在這份工作當中、在雄谷先生身上學到很多事。

山崎　跟剛才提到的「建築內容」有關嗎？

雄谷　西川先生一開始設計的本館是飛碟造型，很像《星際爭霸戰》[6]裡壞人搭乘的太空船迫降，從高台往下俯瞰的感覺。我問這是什麼，他回答：這是客家[7]思想。

山崎　是中國的圓形共同住宅[8]吧。

西川　這個提案不是一開始就提出，而是四十個提案中的第二十個左右。做了很多嘗試之後才成形，外觀雖然是客家土樓，但是上下都有入口。

雄谷　不過客家土樓是為了保護裡面的人，抵禦外敵入侵的建築。因為在大陸很容易受到外部侵略。

山崎　雄谷先生怎麼會這麼了解客家土樓？

西川　因為他把《模式語言》[9]讀得很熟啊。

山崎　所謂的「模式語言」，就是把社區的每個要素，分別造出一個代表其模式（原型）的詞彙，再把模式串連成語言的嘗試。設計或改良社區、住宅的時候，把自己想要放入的項目挑選出來，排列在一起，就會形成一個具體的計畫。如同把字彙組合起來做

---

5 **包浩斯（Bauhaus）**　德國建築師華特・葛羅培斯（Walter Gropius）一九一九年創立於德國威瑪的藝術和建築學校，現代主義建築運動之一發源於此，對二十世紀的美術及設計影響深遠。一九三三年在納粹政權的壓迫下，宣布關閉。

6 **星際爭霸戰（Star Trek）**　一九六六年開播的美國科幻影視系列。除了電視影集，還有製作成電影及動畫片。

7 **客家**　占中國人口九成的漢民族的支系，擁有自己語言和風俗習慣。因族群從華北遷移到南方，故以有移居者涵義的「客家」一詞稱之。

8 **福建土樓**　也稱作客家土樓，為客家族群於山區建蓋的圓形或方形集合住宅，環繞的外牆厚達一～二公尺，入口只有一處，多個具有血緣關係的家庭共同生活其中。中國福建省西南部的土樓群於二〇〇八年被列為聯合國教科文組織的世界遺產。

9 **《模式語言：環境設計入門》**（パタン・ランゲージ——環境設計の手引，暫譯，鹿島出版会，一九八四，日文版由平田翰那翻譯）克里斯托佛・亞歷山大著，一九七七年出版。此書不只影響建築領域，也影響了都市計畫、軟體開發及社會學的發展。書中主張為了打造活力社區和建物，必須要讓實際使用者參與其設計過程。

出一首豐富的詩，模式搭配得好，就能打造出如詩一樣優美的社區。模式語言的概念真的很棒。

雄谷 我今天也有把書帶來。貼便利貼的是我們挑選的部分，現在也會使用。開始一個新計畫的時候，我會把新書發給會議的與會者，請他們把他們認為社區需要的模式做上記號，大家再一起交換意見。

比如說，我認為像「生命週期」、「混居」、「住宅群」、「哪裡都是老人」和「工作社區」，都是一個社區起碼要注意到的部分。你看看，像「連起來的遊戲場」、「動物」、「個人商店」之類的，還有「看不見的停車場」、「主屋」，看了是不是會讓人覺得好奇？很有趣吧！

山崎 這些模式 Share 裡面全部都有耶。這說不定比發想人亞歷山大所設計的，更徹底地實踐了模式語言的手法。

開會，是傳接球，還是互相出拳？

山崎 兩位讀完這本書後就改變設計方向了嗎？

西川　是的，我們決定從雄谷先生選的幾個模式的「象徵意義」來考量。也就是說，之前的提案都必須打掉重練。

山崎　這種應對太靈活了，一般很難做到這種程度吧。

西川　《模式語言》裡面描寫了社區中一幕幕生活場景。讓我發現比起設計硬體，設計生活情境才談得上是真正的社區營造。只是要怎麼去組合這些模式，的確是一大考驗。

雄谷先生自己也畫了不少設計圖，我們再具體把它製成模型檢視。比方說通往建地的連通道路，剛開始我不想在住宅周遭設計連通道路，但是法律規定這邊必須有六公尺寬的道路，不得已只好納入考量。後來雄古先生提議：「除了大路，我們也來設計自然小徑吧。」我回答他：「人工打造的就不算自然小徑了吧？」話雖如此，我的確也想要有車子進不來，只有人可以行走的道路。於是，最後除了連通道路，我們也設計了行人專用的自然小徑。

雄谷　這種互動，不知道該說是傳接球，還是互相出拳。像這樣用力地一來一往相當有趣呢。

山崎　原來西川先生是一位會這樣奉陪到底的社長啊。

雄谷　倒也不是賭上雙方自尊去爭什麼。西川先生這點非常厲害，可以說是度量很大嗎？被一個外行人挑三揀四，卻還是有辦法使出渾身絕技接招。

山崎　西川先生的提案一定是自己有信心才會提出來吧，所以提案被駁回時，就算有「一個外行人懂什麼」的反應也不奇怪，只是沒想到居然還堅持到第四十個版本。過程中是不是有一些變化？

西川　對，自從跟雄谷先生一起工作後，我開始會思考建築的本質是什麼。我認為這同時也把我們事務所帶往一個好的方向。

山崎　相當不簡單耶。一般事務所的行事風格是不會受到外部影響的。

西川　因為雄谷先生是一個有遠大志向和理想的人，所以會有很多想法，這部分我很能理解。雖然不知道能不能實現，但他就是有讓人想要和他一起共事的能力。

在做Share的時候，進入現場後他幾乎都放手讓我們做，當然啦，還是會討論一下大概的輪廓。

雄谷　基本原則能夠把握，其他的也就無妨了。如果再說更多，就會變成「囉嗦的老爸」。

山崎　因為雄谷先生是經營者，很清楚這部分的拿捏吧。去西圓寺看看就知道，身為理事長的雄谷先生不會對執掌現場的中心長說太多，而是把重點放在如何打造讓員工互相激勵的環境。

不知道兩位會推薦 Share 的哪個特色？

西川　我最推薦的是從本館前面的道路通過住宅旁邊、穿越中間的小徑。那條小徑其實只是穿過原本就存在的綠樹。Share 的基本原則是盡可能地保留既有的東西。如果把既有的東西移掉，這個社區的魅力可能會減半吧。

雄谷　在那裡的是雪松對吧。我們寺院附近的茶屋街也有一棵古老的松樹，蓋茶屋的時候，屋頂會避開松樹，是金澤當地的文化。所以進行 Share 的時候，我有反應不想砍掉雪松，「那只能除掉周圍的東西了吧？」「根和兩邊的樹枝不砍掉不行……」「如果一個不小心出錯讓這棵大雪松倒下來就慘了。」這樣一來一往，最後西川先生說出一句：「我來想辦法！」之後就呈現出大家現在看到的「西川世界觀」。

山崎　設計得很細緻嗎？

西川　與其說細緻，不如說是因為去現場看了好幾次，算是費了不少工夫。

建地旁邊的餐廳（Café & Bar Mock）後面，有一棵樹齡兩百五十年的大栲樹。剛開始的設計是想把這棵樹當成一個象徵，讓所有建築和道路全部指往那個方向。

雄谷　我聽了之後不小心跟他說：「西川先生啊，一個神聖的場所，不會這麼容易地被大家看見，是要尋尋覓覓，以一種『嗯？難不成是……』的探索心情來遇見的。」

山崎　這就是建築史上，現代主義（Modernism）和後現代主義（Postmodernism）的對立。對於象徵性的東西，現代主義想從正面注視的想法其實沒錯。尤其在歐洲，受到宗教觀影響，很多時候是必須這麼做的，同時還會要求建築物要左右對稱。

而後現代主義就是想要超越這一點。模式語言也屬於後現代主義，雄谷先生因為先讀到了模式語言，才會說神聖的東西應該要藏起來。

西川　聽到他的反應後，我才了解到佛子園的想法：不管樹齡是兩百五十年還是五十年，價值都是一樣的，每一棵樹都是一條生命。雖然砍掉了一些，後來我們還是盡可能地將樹保存下來了。栲樹那一帶幾乎是和周邊一體化的空間。

山崎　那裡很舒服呢。

西川　那棵栲樹跟剛才提到的雪松那一帶是對稱的設計。可能是我的提案裡少數留存下來的點子。

雄谷　不過還有一棵樹西川先生也想保留下來，所以自掏腰包完成了工程。

山崎　嗯？怎麼回事？

西川　是一棵朴樹。我得知如果要鋪一條往本館的道路，那棵大朴樹就會有危險。我心想不行，正是因為有這棵朴樹，才能跟旁邊區塊的綠意連成圈狀。

雄谷 一條綠色隧道，非常漂亮。

西川 這個一定得保留下來，所以我們仿照護岸工程砌上石頭，總算保留下來了。

雄谷 還不只這樣喔，比如說還有露營車的學生出租住宅[10]，就是西川先生和兒子一起做的。

山崎 那個真讓人起雞皮疙瘩呢。

西川 我負責施工階段之前的規畫。我兒子雖然有重度聽覺障礙，不過有在做工程工作，所以我就拜託雄谷先生僱用他當承包。

山崎 就整體空間來說，特別花費心思的是哪個部分呢？

西川 我的角色是負責硬體面，所以花費滿多心思在如何把各個零件組裝起來，打造出這個社區。

Share 基本上都是一、兩層樓的矮建築，比較大型的建築幾乎只有全天候的體育場，不過因為想把它藏起來，便把位置安排在樹木群的前方。此外也特別注意住家的位置排

10 **學生出租住宅** 金澤美術大學的學生以每個月三十小時的志工服務時數為條件，換取租用露營車住宿與工作室合一住宅的資格。

列和街景不要太過單一。

另外是剛才提到的，除了大馬路，還要有內側的小徑。這些自然小徑串連起社區各處，居民真的會去使用。

山崎 居民們會在小徑上巧遇聊天吧。

西川 這就是我設計的初衷。房子的玄關和客廳都是朝向內側的小徑。

雄谷 這樣的設計能夠讓人體驗到人與人的交流和感受到人的存在。也不需要熱絡地談天，只要當夜晚燈亮起，遠遠地就可以看到那些孩子在家、在吃飯之類的。

山崎 您追求的就是這種感覺嗎？

雄谷 很高興西川先生在技術上為我們做到這種程度。我只有傳達我的想法，他就具體規畫出來了，而且還會幫忙考慮哪棵樹要保留下來。即使我說做到這邊就好，西川先生還是表示「我已經決定要做了」。

山崎 我自己幾乎也沒做過這樣的設計，難道不會很麻煩嗎？

西川 麻不麻煩也很難在業主面前啟齒。

山崎 一般都是設計幾個單一樣式，然後像拼圖一樣排列組合。但是 Share 卻反其道而行，應該滿耗費時間跟精神的吧。

西川　不過做得滿開心的。當時有二十位技術人員一起分擔工作。

找到有眼光的專家

山崎　兩位的社區營造事業，從Share金澤發展到「生涯活躍社區」。其中有沒有哪個手法也可以運用在別的城鎮？

西川　現在進行中的輪島計畫，原則上都是活用現有的東西。輪島市區大約有八十間空屋，包含空屋在內的景色都是地方上的人們想保存下來的。為了盡可能地不破壞舊物品，採取了新舊融合的做法。不過就機能面而言，舊東西如果不加上新點子就沒辦法活用，因此加新東西的同時，也要注意不要動到社區樣貌。

山崎　不做些改變的話就會停滯不前。雖然必須加入一些有用的元素，但放得太多，原本的東西就會消失。設計的時候得考量兩者的平衡

這跟我們的想法其實十分接近。社區設計看起來雖然只是把地方居民集合起來，聽取他們的意見再執行。然而光是這樣是不會順利的。看著七乘七公分的便利貼寫著居民的想法，要能分辨出哪個是可以發展的點子、哪個點子不管在哪裡執行都不會有什麼成

效。判斷哪個構想可以當成核心發展、哪個構想可以剔除的眼光非常重要。

西川　這就是專家的工作了吧。

山崎　專家的工作啊……感覺聽到了一件了不起的事呢。想要打造在地整體照顧的社區的時候，需要設計硬體的人才，照護領域的人也必須了解應該找什麼樣的人才。

建築師最好也要有判斷什麼該留、什麼該翻新的眼光。近代基於「世界上不管何處的建築都相同」的想法，傾向以白紙狀態（tabula rasa）[11]，也就是切斷以往的歷史和環境淵源，從零開始建設都市。但這樣果然還是不對。

如果社會福利和醫療的人說：「我能完全治癒這個人／我能完全負擔照顧這個人的責任。」是言過其實。如果一位社區設計師說：「我能改變地方。」也很奇怪。

雄谷　社會福利和醫療能支援的範圍畢竟有限。剩下的部分就要靠西川先生和山崎先生這樣的角色。福利和醫療如果以為自己是主角，那可就誤會大了。

山崎　羊駝能療癒人、身心障礙者能支持老年人活下去，為了讓這些事情發生，各領域的專家得思考：應該介入到什麼程度、什麼時候該退場。

雄谷　佛子園的中心思想、行善寺和西圓寺名字中的「三草二木」，也是這樣的概念。

這個佛教用語的含義是「任何人都能成佛」。再擴大解釋的話，雖然陽光和雨水的灑落不分對象，自然界中還是有分大樹小樹、大片草原和一株小草，各自成長的方式都不同。這並不分貴賤，單純就是會長成各種不同樣子。人類也是一樣，各種不同樣子的人一起撐起整個社會，共同生活下去。

山崎　說得很好呢。佛教這把刀一拔出來果然不同凡響。

雄谷　一把不怎麼利的刀（笑）。

變成「當事人」和「當事人」共事

雄谷　其實輪島不只有JOCA的成員，也有西川先生公司的同事移居到這兒，一邊領西川先生的薪水。

西川　是負責這個計畫的年輕員工。我跟他說：「既然要做社區營造，你就得變成當地居民。」結果本人也很有幹勁地答應了。現在已經把住民票遷到輪島了。

山崎　現在還會要求員工移居到某個地方嗎？

11　tabula rasa　拉丁文，「一片空白的書寫版」之意，指什麼也沒有、什麼也不知道的白紙狀態。

西川 不會。最多在距離比較遠的現場住一段時間。剛剛那位在那之後決定要去青年海外協力隊了。

雄谷 目的地是不丹，十分有力啊。

西川 雄谷先生已經在為未來鋪路了。當然啦，他本人也有那個意願。

山崎 簡直被吸收成「雄谷世界」的一分子了。把人磨練了一番。

西川 這對他的人生來說是一大加分。不知道會變成什麼樣子回來，真的很期待。

山崎 那位員工在輪島具體是做什麼工作的呢？

西川 他是輪島 KABULET® 基地的一員，業務內容多元，不只有設計而已。主要是在當地認識各式各樣的人，同時感受社區的氛圍，去進行規畫計畫。

雄谷 很辛苦喔。輪島 KABULET® 的成員還得負責送餐服務。因為事業還沒正式啟動，只能邊用國家給自治體的補助金，邊想賺錢的辦法，還要打造品牌。

山崎 聽起來很有趣耶。跟我們在新潟縣十日町市做的事情很像。

我們和地方的人們一起舉辦過好幾次工作坊，其中有幾位成員是建築師。大家討論的結果，認為地方的課題是沒有一個可以讓大家集會的場所，所以決定由十日町市買下兩棟老建築來翻新。設計的部分用提案方式進行徵選，最後我們選擇的剛好是建築師的青木淳[12]先生。

後來我們跟他表明，希望可以將我們從事社區設計的做法，運用在建築設計，請他嘗試有別於以往的方式來做這個案子。於是青木先生便交出了一份與一般做法截然不同的提案。

一般來說，在東京完成設計，進入施工階段後，事務所的員工會入住當地監工。然而這次青木事務所的兩位年輕員工，從設計階段開始就會住在當地，和當地人進行訪談。接著讓參加工作坊的建築師們了解「青木主義」的思想，進入施工階段之後就可以把監工的工作託付給他們，讓最初的兩人返回東京。如此翻轉駐點順序，我覺得是很創新的想法。輪島現在也是採用同樣的做法吧。

西川　沒錯。計畫開始之前就把人送進去。從設計到現場監工都由我們負責。

雄谷　今後就讓年輕人去打拚了。我認為，能夠認同自己專業以外其他領域的價值，這樣的柔軟度可以說是五井建築研究所的進化。

12　青木淳（Aoki Jun, 1956〜）日本建築師，建築大師磯崎新的弟子，一九九一年設立青木淳建築計畫事務所。經手日本國內外的 LV 店鋪設計，以及青森縣立美術館設計。

西川　這都是年輕員工努力的成果啊。

山崎　如果老闆沒有提供足夠的空間也不會有這樣的成果。

西川　謝謝。建築師村野藤吾有句話說得很好：「建築的百分之九十九都屬於業主。」只有剩下的百分之一，是村野發揮的餘地。最近我幾乎都是用這百分之一來決勝。

雄谷　這只是一種說法吧。

西川　不，真的是這樣。

山崎　如此才能長久地配合下去吧。

雄谷　我們的計畫也是一樣的想法。我們自稱是「Ocean's 4」[13]（借犯罪電影《瞞天過海》的英文名稱 Ocean's 11，來自比為詐欺犯），因為總是在討論下次要做什麼，好像在策畫什麼壞事（笑）。四個基本成員分別是我、西川先生、設計師下田武夫先生，還有挖掘溫泉的專家市山勉先生。在輪島計畫中，Ocean's的特別成員還有副市長坂口茂先生和商工會議所的會長里谷光弘先生。

山崎　第五位 Ocean's成員一定是當地人。的確有個建築師團隊「ARCHITECT 5」也是一樣的理念：建築師只有四個人，最後一個人就是業主。

有時候從細節著手

雄谷　現在換個不同的角度來看。二〇一二年，白山市開幕的「美川 37Café」（37 的日文發音近似「大家」之意），是在 JR 西日本北陸本線的美川車站內部打造一家咖啡店。

這個案子也是委託西川先生的公司做的，但是當時設計一直無法確定下來。不管怎麼設計，建築方面的人也好，社福相關的人也好，大家都不滿意。

所以我們重新從「車站是什麼」這個問題去思考，結果靈光一現「車站就是椅子啊！」。因為人們在那裡集合等候，所以便想到了椅子。我有一個常騎機車去的地方，那裡的椅子看起來很棒，於是我把它介紹給西川先生，是一張三十萬日圓的北歐 vintage 品牌的椅子。「我們把重點放在坐下這件事吧，這樣主角就是傢俱，不是我們。」就以此來進行能夠搭配那張椅子的設計，這下一次就搞定了。

山崎　這回是以產品的水平為出發點。

13　**瞞天過海**（**Ocean's Eleven**）二〇〇一年的美國電影，導演為史蒂芬・索德柏，喬治・克隆尼主演。由身為小偷和詐欺師的主角 Ocean 為首，集結十一位各領域的犯罪專家組成團隊，計畫闖入拉斯維加斯賭場金庫行動的犯罪動作片。

雄谷　既不是建築也不是社福，而是由傢俱主導。雖然剛才談到應該要以醫療、社福或建築為中心，但是單憑這點還是會遇到瓶頸。

西川　這是雄谷先生特有的發想呢，這種切入點一般人很難模仿得來。

山崎　有道理。不過話說回來，雄谷先生為什麼會跟這個車站有關係呢？

雄谷　美川車站以前真的很荒涼，雖然車站合併設計了社區廣場，但還是赤字嚴重。白山市想要改善赤字問題，就來找佛子園談合作。

車站本來就是一個很方便的地方，包含老年人跟身心障礙者，大家都會聚集在此。現在有老先生就算不搭車，早上十點也會來這裡喝日本酒。坐在他旁邊的是雖然沒辦法去學校但在家裡也待不住的女國中生。還有把美川車站當集合地點的身障者社團，聽說因為坐輪椅搭電車到美川車站後「能感受到一股療癒的力量」，甚至還會守在門口等待車站的人氣職員出現。而地方上的老太太們除了搭車，還會利用車站的畫廊空間展示作品。車站就像這樣聚集了各種人。

山崎　車站站體翻新的費用是白山市出的嗎？

雄谷　包含翻新在內的費用，是由我們貸款全額支付的。不這麼做的話，做不出我們滿意的成果。這樣也是避免半吊子的心態，全力以赴。交換條件是，完成後，站體要委託我們來管理。讓社會福祉法人來當車站的指定管理事業者可以說是全國首創。

山崎　營運費用部分呢？也有在做銷售嗎？

雄谷　只有咖啡店的營收而已。其他就靠就業持續支援的補助金。

山崎　雖然有補助金，不過營收如果有多出來的利潤也可以拿來運用吧。畢竟光靠政府的錢應該買不了 vintage 的椅子。

雄谷　沒錯。車站裡的椅子雖然會有很多人擅自坐下來，不過現在還是跟新的一樣，沒有人去破壞。

山崎　可能大家都隱約明白是好東西，很小心地在使用吧。

西川　是的。現在坐的 Share 椅子也是 vintage 的喔。

從「所有」改為「共有」的意識轉換

雄谷　輪島市的計畫名稱「輪島 KABULET®」的內容，其實就是「共享認證制度」（シェアリング認証システム）。

共享的內容舉例來說就是時間和人手。因為生病或身體不方便無法拿重物，或是獨居的人，一定會有需要人手幫忙的時候。然而，沒有經過要介護認定的人，無法利用介護保險服務。我們便把這些人的需求蒐集起來，另一方面集結有空檔可以當志工的人，加以媒合。

這件事由居民組織來做有它的意義在。例如很多獨居男性，其中有人不願意接受介護保險服務的支援，這時就可以由住在附近的老鄰居幫忙勸導一起加入大家的行列。

共享也可以解決空屋問題。不過，想提供解決方法給屋主的時候，通常收到的回覆都是「沒有這個需要」，或是「一年回來幾次的親戚會使用」。必須要讓居民的意識從「所有」轉換為「共有」，不這樣做救不了輪島。

「除了一年回來兩次參加祭典的兒子要住的時間之外，其他時間不如就租給別人，這樣自己也能獲利的制度如何？」比如說，可以提供給那些想要移居當地的人，當作事前試住的住所。只要拿到「生涯活躍社區」的法律認證，即使沒有旅館業的申請許可，也可以立即開始。現在公家機關的制度也在進步。

環保汽車的共乘[14]也是一樣。由居民主導，大家互相交換不需要的東西。現在社群網站上很流行共享的風氣，不過我們在輪島這裡想導入的是從前那種面對面互相幫助的制度。

以前住在長屋的人，如果孩子還小，父母要出門買東西的時候就會把小孩託給鄰居照顧，回來的時候再把買的東西分一些給鄰居當作謝禮。這在從前是很常見的，我們就是要再次恢復這種人跟人的關係。

山崎　現在已經是必須恢復這種關係的時代了。有很多年輕人不知道有這種生活方式，覺得不行這麼麻煩別人，以為醬油用完了就是要趕快跑到超商買。雖然這樣也很方便，但是如果社會不在生活中教導年輕人「醬油用完了跟別人借也可以」，等到這些人老了之後，一定會遇到很多困難。

雄谷　現在大家會一起討論什麼是可以共享的。這個過程很有趣，是一個居民自治的好工具。

山崎　一起參與討論的大約有幾位呢？

雄谷　含地方町內會的班長和志工等等，以及KABULET®的成員和西川先生公司的年輕員工，大約有三十人左右參加會議。共享的成員以鄰近約兩百戶的居民為中心，最多可達約三千八百戶人家。這些居民原本就有自治會等等的決策組織，組織裡面有意願的

14　共乘　與他人共同搭乘自有汽車的行為。

人也會來參加會議。

山崎　從核心的三十~四十人慢慢展開的共享活動，不知不覺中原先反對的人也加入進來，漸漸地增加到兩百戶居民，有一天規模會擴及地更大。

雄谷　從西圓寺的經驗來看，要擴大到三千八百戶不是那麼困難的事，一轉眼就能達成。只是，要擴及市區整體的一萬二千五百人，受到一些地理和歷史的因素影響，會有一些難度。

不過我覺得是時候讓紛爭落幕了，也有在地人在說，是不是至少該挖一處溫泉。逐漸有一些改變是好事。推動歷史改革的，說不定其實是失智症和身心障礙者，這些容易被社會排除的人。

山崎　把過去的事忘掉，以遺忘的心情來跟對方交流。這就是真正以失智症為契機而變成的友善城市吧。

和其他領域的夥伴，建立可以相互介入的信賴關係

山崎　雄谷先生的本業跟共享沒有關係，當然也不是都市計畫和建築方面的專家。所以

會涉獵《模式語言》（鹿島出版会，一九八四）、《Share》（NHK 出版，二〇一〇）[15]等書，藉由閱讀各種書籍蒐集資料、產生靈感。

不過一定也有很多人會去閱讀這類書籍，然後利用這些知識，針對像是閒置商店街的議題描繪出概念圖，但是卻不會付諸行動。這樣說可能有一些不恰當，就是「光說不做」的人很多。

雄谷先生跟這些人不一樣的地方是，可以從西圓寺和 Share 的實際經驗知道，如果以溫泉為核心，持續幾年後一定會有多少訪客數，也看到剛開始反對的人後來改變想法的實際案例。再加上青年海外協力隊的經驗，只要一聲號召「來去移居！」就會有人舉手響應的人脈網絡，確實具備影響力。

我覺得每個人有不同的分工。比如說，蒐集全世界事例，加以整理後介紹給大家的人；從事例中分析出通用法則的人；再來是熟知事例和法則後，針對眼前的現實能發展出必要事業的人。雄谷先生和西川先生等「Ocean's 4」一行人就屬於發展事業的人，而在這

15 《Share：從共享誕生商機的新戰略》（シェア—〈共有〉からビジネスを生みだす新戦略，暫譯，NHK 出版，二〇一〇）瑞秋．波茲蔓、魯．羅傑斯著，小林弘人監修／解說，關美和譯。本書回顧共享經濟的誕生及發展，並提示其發展出來的社會樣貌，因而成為暢銷書。

個團體裡面又有不同的分工。

我看了雄谷先生和西川先生的互動，強烈體會到，當不同角色的人們要共同發展一個事業的時候，有必要透過另一個角色的眼光，重新檢視事業內容。例如非建築背景的雄谷先生，反覆閱讀《模式語言》；非社福背景的西川先生，用外行人的眼光想像藍圖。正是因為彼此都稍微涉入對方的領域一同思考，才會產生那麼強大的力量吧。

這時候最重要的就是兩邊的互信關係。畢竟外行人只是涉獵一點專業知識就要發表意見，「才不想被門外漢說三道四」的心情有可能會讓人惱羞成怒。然而，如果有了信賴關係的基礎，就可以把情緒放一邊，一起朝著讓事業成功的方向努力。

我們很容易馬上從「如何建蓋、營運醫療機構和福利機構」的問題開始思考。但是，這個議題需要不同專門領域的人們互相介入、合作，所以首先必須思考的應該是「怎麼建立信賴關係」。再者，社區營造和在地整體照護需要和不同意見的居民一起合作，這兩件事的實現有必要參考過往的事例和法則。在那之前，同樣得先建立起信賴關係。

我們在做社區設計的時候，著重的是怎麼去建立人們的信賴關係，如何牽起人跟人的連結。我也再次體悟到，雖然我們的力量微薄，但確實能在區域醫療和社會福利的實現上，幫上一點忙。

今天非常感謝兩位。

〈二〇一六年六月十三日，記錄於石川縣金澤市 Share 金澤〉

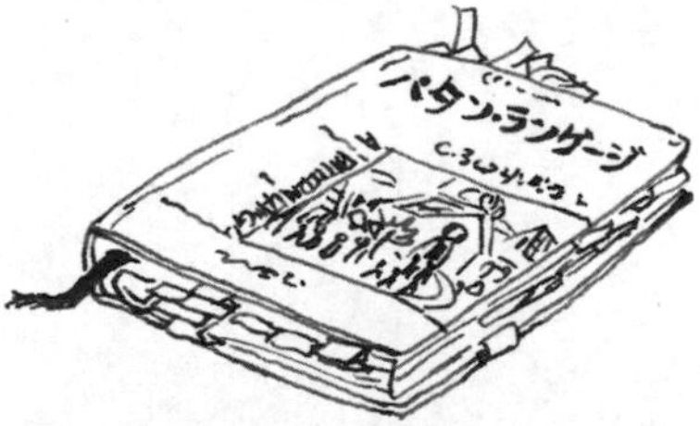

5 照護和設計的再遇見與深化

山崎亮

在地整體照顧，就是在社區營造裡加入照護和設計

第一次看到「在地整體照顧」這個詞時，我心想：「照護也要往社區營造靠近了。」因為照顧的範圍不單純侷限在個人，而是地區整體，所以我認為手法上會偏向社區營造。如果是這樣的話，那麼最好也要先從我們的本業，社區設計的觀點來思考在地整體照顧。

所謂的社區設計（community design），就是跟地區中的人，一起設計地方未來的行為。若把 Community 翻成「社區」，Design 翻成「營造」的話，社區設計就相當近似於社區營造。事實上，社區設計涉足的事業範圍相當廣，其中也有很多案子的規模沒有社區營造那麼大。比如說，跟地方居民一起設計公園；打造一個讓市民活動團體可以在商業設施和宗教設施裡活動的體制；與市民共同創作藝術作品等等。這些雖都是以社區整體為考量，社區卻不是行為的直接對象。其他當然也有和居民一起思考社區整體綜合計畫這種規模的工作，不過僅占社區設計事業的一部分。因此，我們不說自己的工作是社區營造，而是基於「和社區共同設計什麼的行為」，將工作稱作社區設計。

我是學設計出生的。大學時主修庭園和公園等景觀設計，畢業後進入建築設計事務

表｜studio-L參與的社區設計案件

公園建造
有馬富士公園（2005-2007）：兵庫縣三田市
泉佐野丘陵綠地（2007-）：大阪府泉佐野市
AGURI學校（2012-）：長崎縣長崎市
鐵道跡地公園（2012-2014）：大分縣大分市
草津川跡地公園（2012-2016）：滋賀縣草津市
牛原山「里山Factory」（2014-2016）：静岡縣松崎町
西邊觀點公園配置計畫（2016-2017）：東京都西東京市
綠色平台（2017-2018）：大阪府枚方市

計畫制訂
海士町綜合振興計畫（2007-2009）：島根縣海士町
離島兒童振興計畫（2008）：岡山縣笠岡市
飲食教育計畫（2011-2013）東京都墨田區
產業振興願景（2012-2014）：岡山縣笠岡市
東彼杵町城鎮營造計畫（2012-2014）：長崎縣東彼杵町
川西市地區分權（2012-2014）：兵庫縣川西市
燕市青年會議（2013-2014）：新潟縣燕市
木島平村綜合振興計畫（2013-2015）：長野縣木島平村
大山町綜合振興計畫（2013-2015）：鳥取縣大山町
劍町綜合振興計畫（2014-2015）：德島縣劍町
美里町地區再生計畫（2014-2015）：埼玉縣美里町
地區文化會議（2014-2015）：關西廣域聯合（大阪、京都、兵庫、滋賀、和歌山、鳥取、德島）
幸福打造計畫（2014-2015）：愛知縣高濱市
白馬村綜合計畫（2015-2016）：長野縣白馬村
食物與生活實驗室（2015-2017）：北海道黑松內町
21世紀生活型態研究所（2015-2017）：山口縣阿武町
氣仙沼市綜合計畫（2015-2017）宮城縣氣仙沼市
智頭町綜合計畫（2016-2018）：鳥取縣智頭町
南丹市綜合計畫（2016-2018）：京都府南丹市
宇城市綜合戰略（2016-2018）：熊本縣宇城市
名護市綜合計畫（2018-）：沖繩縣名護市

市民活動支援
水都大阪（2009-2013）：大阪府大阪市
半泊地區願景設定（2010-2011）：長崎縣五島市半泊地區
醬油牆（2012-2013）：香川縣小豆島町
加太觀光地區營造（2012-2015）：和歌山縣和歌山市加太地區
島之圓2014（2013-2015）：廣島縣
泉北新城編織計畫（2014-2016）：大阪府堺市
Co-op神戶「豐盛計畫」（2015-2017）：兵庫縣神戶市
村落媒體計畫（2015-2017）：奈良縣川上村
野野市日和（2015-2017）：石川縣野野市市
2240歲的風格（2015-2018）：秋田縣秋田市
里山未來博覽會（2016-2017）：廣島縣
OMORO! Project（2016-2018）：神奈川縣橫濱市
南迴地區計畫（2017-2018）：台灣台東縣
自主招待大作戰（2018-2020）：神奈川縣川崎市

設施建造
穗積製材所計畫（2007-2014）：三重縣伊賀市島原穗積製材所
丸屋花園（2009-2010）：鹿兒島縣鹿兒島市
大家有緣農場（2011）：大阪府大阪市
近鐵百貨本店（2011-）：大阪府大阪市
兒童未來中心（2011-）：東京都立川市
船坂小學老舊校舍活用計畫（2012）：兵庫縣西宮市
譜久山醫院（2012-2016）：兵庫縣明石市
啟程美術館（2013-2015）：福島縣猪苗代町
小型城鎮構想（2013-2015）：北海道沼田町
縣道85號線沿線（2014-2016）：千葉縣睦澤町
根室別院（2014-2017）：北海道根室市
An Foret（2015-2017）：愛知縣安城市
信濃每日新聞社松本本社（2015-2017）：長野縣松本市
談天圖書館（2018-）：山口縣柳井市

街區計畫
延岡車站街區計畫（2010-2017）：宮崎縣延岡市
福井站前計畫（2011-2012）：福井縣福井市
「昭和老街」計畫（2011-2013）：大分縣豐後高田市
觀音寺商店街（2011-2015）：香川縣觀音寺市
街區3日學校（2012）：佐賀縣佐賀市
安養寺指南計畫（2012-2013）：滋賀縣栗東市安養寺地區
今治市港口再生計畫（2012-2014）：愛媛縣今治市
街區市民活動「FUKUNOWA」（2012-2015）：廣島縣福山市
世界遺產城鎮營造計畫「微笑富岡」（2012-2014）：群馬縣富岡市
城市舞台設計（2013-2015）：新潟縣十日町市
商店街會議（2013-2015）：愛媛縣宇和島市

人才培育
NPO法人家島（2007-2010）：兵庫縣姬路市
issue + design（2008-2011）：兵庫縣、福岡縣、東京都
家島嚮導培育講座（2009-2010）：兵庫縣姬路市
笛吹市境川地區營造（2009-）：山梨縣笛吹市
探索島嶼計畫（2009-2014）：兵庫縣家島町
村落支援員訓練及組織化（2010-2013）：島根縣海士町
栃木縣真岡市觀光網（2011-2013）：栃木縣真岡市
地區負責職員培訓（2011-2014）：大阪府河內長野市
伊賀市青山公民館活用（2011-2012）：三重縣伊賀市
故鄉最前線（2011-2016）：東京都港區
NADE Labo（2012-2014）：愛知縣長久手市
探索山城計畫（2013）：宮崎縣高千穗町、五瀨町、日之影町、椎葉村、諸塚村
探索鄉里計畫（2013-2016）：京都府相樂郡笠置町
東北藝術工科大學社區設計學科（2013-）：山形縣山形市
大場社區再發現會議（2015-2016）：靜岡縣三島市
都筑串聯學院（2016-2017）：神奈川縣橫濱市
創造工作會議（2017）：鳥取縣鳥取市
台北社區設計研修（2017）：台灣台北市
台東設計中心（2017-2018）：台灣台東縣
向日Style LABO（2017-2018）：京都府向日市
須磨工作之旅（2018）：兵庫縣神戶市
多摩平健康管理交流座談會（2018）：東京都日野市
介護與福利的未來設計學校（2018）：日本全國

所磨練。實際經歷了居民參與型的設計，看著工作坊裡的人們往來對話的樣子，我慢慢覺得，比起畫出來的設計圖，更有價值的是過程中人們建立起的連結。

在設計階段參與意見討論的居民們，當工程結束空間完成後，高興地到現場參觀，對於空間的誕生有自己參與其中感到驕傲。之後，有人會主動來打掃，也有人在這裡舉辦活動。如果居民從設計階段就開始參與，會讓空間完成後的風景更豐富。這次的經驗促使我將居民參與的形式，也運用在空間設計之外的所有事業。包括思考地區犯罪預防的時候、思考防災的時候，還有教育、環境、商店街、飲食教育等等任何一個主題。透過召集地區居民，從對話中找尋解決方法，在對話中建立關係，接著支援計畫執行。不知道從何時開始，委託我們規畫、企畫活動類的工作，已經比空間設計的工作還要多。

特別是最近，醫療和社會福利相關的工作增加了不少。在做這類工作的時候，常常看到的字眼就是開頭提到的「在地整體照顧」。這個字聽起來像「社區整體照顧」，感覺是要打造一個，讓社區整體共同實現照護的地方。這可說是結合社區營造和照護的概念，社區設計看起來也能貢獻一點力量。於是我參與了幾個在地整體照顧的案子，結果發現要讓社區營造和照護順利接軌，設計的存在不可或缺。換一個講法就是，社區營造中必須加入照護和設計兩個元素。

有些人生活中的某部分需要支援，除了需要有人協助，激發當事人「想要做什麼事」的熱忱也同等重要。單方面受到幫助的生活和人生，並不會讓人感到充實。支援和熱忱，就是需要照護和設計的理由。

這兩者寬鬆地連結在一起。照護從原本的「支援」當事人，轉為「靜觀其變」、「稍微留心」的態度。另一方面，設計則是用「舒適的空間」、「吸引人的圖像」、「充滿樂趣的活動」，來提高當事人付出的熱忱。就算是需要照顧的人，也沒有全人照護的必要。很多人都是只有生活的一部分需要支援，剩下就是生活缺乏熱忱的問題。因為當事人需不需要支援，有時候取決於他個人對付出的熱忱度。反過來說，支援的方式也有可能會提高或削減當事人的熱忱度。人活著就是在接受幫助和付出間取得平衡，而地區就是由這些人所組成的生活圈。因此，在地整體照顧必須確保社區營造中照護和設計的比例達到平衡。

照護和設計來自同一個源頭

希望結合照護和設計的想法，代表著從現代的觀點來看，這兩者是毫不相干的領域。

對照護的從業者來說，設計是很遙遠的存在；對設計人來說，照護是一個艱深的領域。然而，在距今約一五〇年前，近代照護和設計誕生之際，兩者之間是互相影響的，甚至可以說是分不開的。十九世紀後半的英國和二十世紀前半的美國，照護和設計在各自的領域，歷經嘗試及修正，產生了許多新的發想和行事做法。

歷史的發展環環相扣，很難切割分段。但如果要談照護與設計的關係，其思想的源頭應可追溯到德國的文豪歌德。與歌德有信件往來，尊稱其為「精神之父」的蘇格蘭歷史學家湯瑪斯．卡萊爾（Thomas Carlyle），在其著作《過去與現在》（*Past and Present*，暫譯，一八四三）中，盛讚中世紀社會的整體照顧形式。同時代的英格蘭建築師奧古斯塔斯．普金（Augustus Welby Northmore Pugin），也在著作《對比》（*Contrasts*，暫譯，一八三六）中，具體畫出中世紀和十九世紀的社會圖像，比較兩者差異。雖然也有人認為他們將中世紀過度理想化，不過他們也向眾人揭示了透過宗教實現整體照顧社會的優點。

自稱是卡萊爾弟子的約翰．羅斯金（John Ruskin），前半生為藝術評論家，後半生為社會改革家，分別影響了許多藝術家和設計師，以及社會工作者和社會運動者。他的弟子們紛紛投入照護和設計的行動。代表人物為發起「美術工藝運動」（Arts & Crafts Movement）的威廉．莫里斯（William Morris）、慈善家奧克塔維婭．希爾（Octavia Hill），及經濟學者阿諾爾得・湯恩比（Arnold Toynbee）三位。

威廉・莫里斯受到羅斯金的前半生影響，思考了關於美好設計、人們的工作方法（Morris & Co.），以及社會的理想樣貌，並具體付諸行動。奧克塔維婭・希爾則受到羅斯金的一生影響，從事的活動包括貧困者的生活支援（慈善組織協會）、為貧困者建蓋住家（社會住宅事業）、打造運動和散步用的公園（開放空間運動），及歷史建築和珍貴自然環境的保護運動（英國國民信託）。阿諾爾得・湯恩比則受到羅斯金的後半生影響，參與貧困地區的生活支援（睦鄰運動）。

湯恩比在三十一歲的年紀去世，繼承其遺志的薩繆爾・巴奈特（Samuel Barnett）和亨利塔・巴奈特（Henrietta Barnett）夫婦，與學生們共同在倫敦的貧困地區，設立世界首創的地區福利機構（睦鄰之家）「湯恩比館」（Toynbee Hall）。薩繆爾・巴奈特是一位受到羅斯金著作影響的牧師，太太亨利塔・巴奈特則是和希爾一起在慈善組織協會工作的女性運動家。她在湯恩比館附近設立白教堂美術館（Whitechapel Gallery），持續將藝術家和設計師的作品介紹給地區裡的窮人們，晚年則規畫漢普斯特德田園郊外的住宅地，打造低收入戶也能居住的優美社區。

莫里斯的弟子大多是像沃爾特・克蘭恩（Walter Crane）、威廉・萊瑟比（William

圖1｜照護與設計的系譜

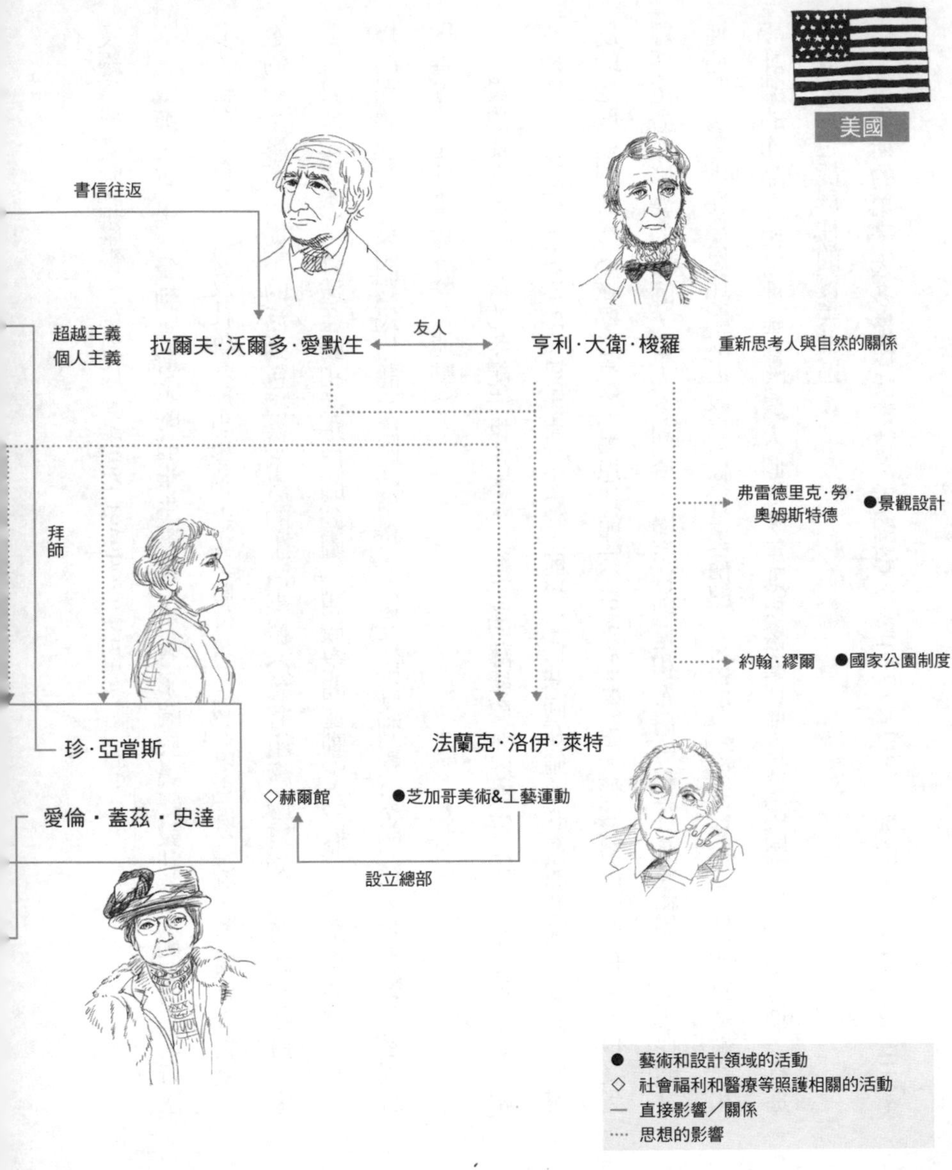
美國
書信往返
超越主義
個人主義
拉爾夫·沃爾多·愛默生
友人
亨利·大衛·梭羅
重新思考人與自然的關係
弗雷德里克·勞·奧姆斯特德
●景觀設計
約翰·繆爾
●國家公園制度
拜師
珍·亞當斯
愛倫·蓋茲·史達
法蘭克·洛伊·萊特
◇赫爾館
●芝加哥美術&工藝運動
設立總部
● 藝術和設計領域的活動
◇ 社會福利和醫療等照護相關的活動
— 直接影響／關係
···· 思想的影響

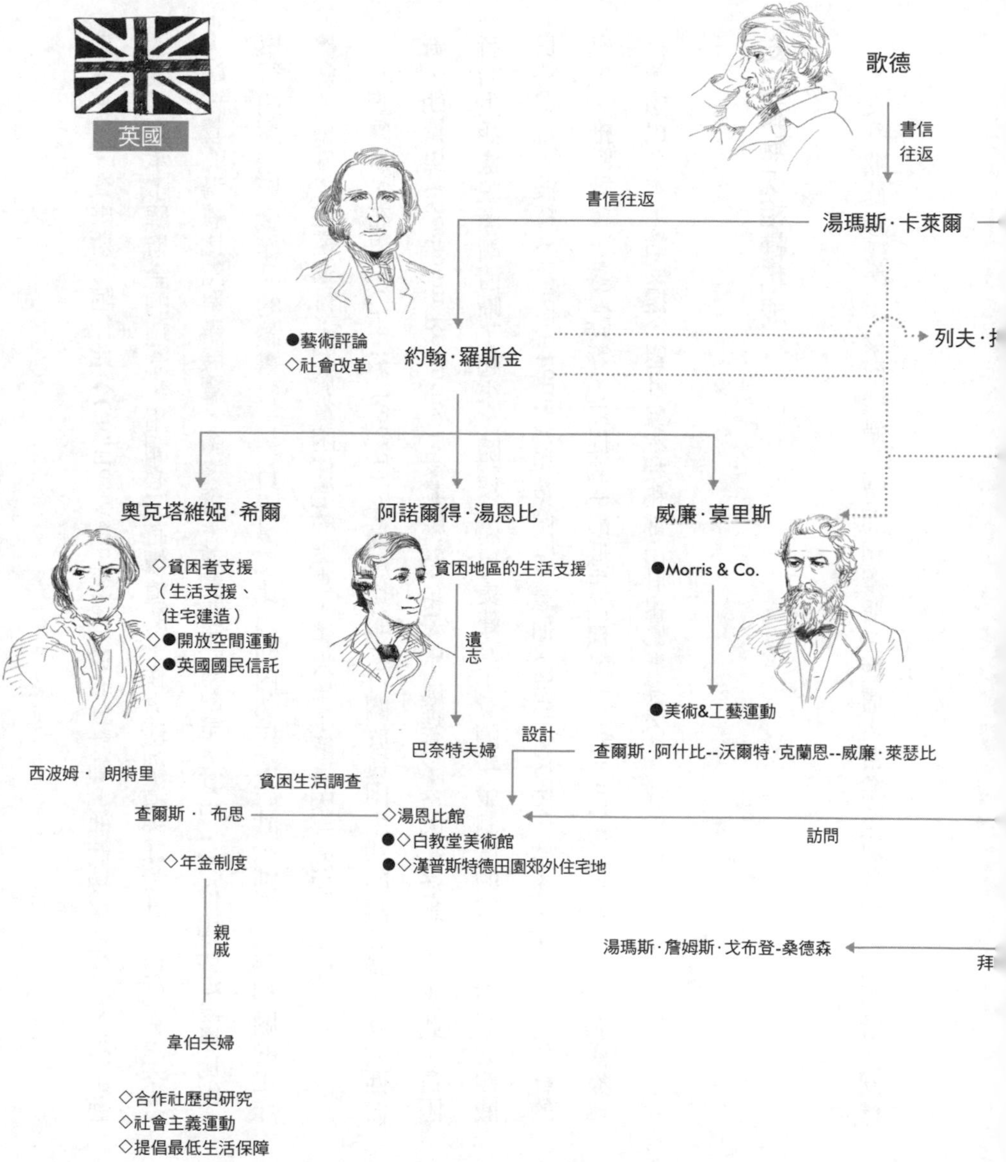
英國
歌德
書信往返
湯瑪斯·卡萊爾
書信往返
●藝術評論
◇社會改革
約翰·羅斯金
列夫·托
奧克塔維婭·希爾
◇貧困者支援
（生活支援、
住宅建造）
◇●開放空間運動
◇●英國國民信託
阿諾爾得·湯恩比
貧困地區的生活支援
遺志
巴奈特夫婦
威廉·莫里斯
●Morris & Co.
●美術&工藝運動
設計
查爾斯·阿什比--沃爾特·克蘭恩--威廉·萊瑟比
西波姆· 朗特里
貧困生活調查
查爾斯· 布思
◇湯恩比館
●◇白教堂美術館
●◇漢普斯特德田園郊外住宅地
訪問
◇年金制度
親戚
湯瑪斯·詹姆斯·戈布登-桑德森
拜
韋伯夫婦
◇合作社歷史研究
◇社會主義運動
◇提倡最低生活保障

Lethaby）、查爾斯·阿什比（Charles Ashbee）這樣的設計師。他們接棒進行的美術工藝運動，繼承了羅斯金的理念，用開心又有價值的工作方法創造美好設計。他們在巴奈特夫婦經營的湯恩比館舉辦展覽、讀書會，並開設工藝教室。其中，阿什比住進湯恩比館，舉行閱讀羅斯金作品的讀書會，更負責湯恩比館的內部裝潢設計、創造工藝相關的工作機會。另外，他還進行了關於貧困住宅的調查，讓大眾了解貧困者的居住議題。

查爾斯·布思（Charles Booth）在湯恩比館進行關於貧困生活的調查時，友人西波姆·朗特里（Seebohm Rowntree）受其啟發，也在別處進行了貧困生活調查。因此，貧困者的生活樣貌漸漸清晰了起來。隨後，布思更建立了英國年金制度的基礎。布思的親戚貝特麗絲·波特（Beatrice Potter）和希德尼·韋伯（Sidney Webb）婚後，研究了合作社的歷史、推動社會主義運動等，更提倡「最低生活保障」（national minimum），主張國家應給予國民基本生活支援，對社會福利和都市計畫影響甚大。

支援和熱忱相輔相成

受到歌德影響的卡萊爾透過長時間和羅斯金通信，帶給羅斯金很大的影響。同樣因為長期的書信往來受到卡萊爾影響的還有另一位美國人，拉爾夫・沃爾多・愛默生（Ralph Waldo Emerson）。

愛默生遠赴英國拜訪卡萊爾，兩人意氣相投，回到美國後持續用書信聯絡。卡萊爾的思想也透過愛默生，傳給了亨利・大衛・梭羅（Henry David Thoreau）。受到啟發的愛默生和梭羅，重新看到了人與自然共生的價值，得以思考人類精神與自然之間的關係。兩人的思想影響了美國景觀設計的始祖弗雷德里克・勞・奧姆斯特德（Frederick Law Olmsted），以及建立國家公園基礎的自然環境保護運動的領袖約翰・繆爾（John Muir）。

設計日本舊帝國飯店的知名設計師法蘭克・洛伊・萊特（Frank Lloyd Wright）就是分別受到英國的卡萊爾、羅斯金和莫里斯，美國的愛默生和梭羅的影響。對美術工藝運動產生極大共鳴的萊特，在家鄉芝加哥創辦芝加哥美術工藝協會。協會的總部設立在一家名為「赫爾館」（Hull House）的地區福利機構。

赫爾館的創辦人是珍・亞當斯（Jane Addams）和愛倫・蓋茲・史達（Ellen Gates Starr）兩位女性。兩人是大學同學，也是卡萊爾、羅斯金、莫里斯和愛默生的信徒。赫爾館成立的前一年，兩人遠赴英國拜訪湯恩比館，向巴奈特夫妻學習地區福利機構的重要性和營運方法。當時還認識了住在在湯恩比館的阿什比。回到美國的亞當斯和史達，在芝加哥的貧困地區成立了赫爾館，其中設有幼稚園、工作室和畫廊。另外，也效仿湯恩比館舉辦讀書會和展覽。

亞當斯和史達都是積極的行動派女性。亞當斯十分醉心於列夫．托爾斯泰（Lev Nikolayevich Tolstoy），從托爾斯泰也受到羅斯金影響這件事來看，就不難理解亞當斯為何會對托爾斯泰的思想產生共鳴。然而，對於亞當斯大老遠前往俄羅斯與托爾斯泰會面一事，實在不得不令人感到驚訝。她與托爾斯泰見面，學習運用自有財產，並深刻思考了自己對赫爾館的貢獻方式。之後亞當斯被稱為「社會工作之母」，憑著以赫爾館為起點的一系列睦鄰運動，獲得諾貝爾和平獎。另一方面，史達為了讓赫爾館不只有支援的功能，更希望喚起大家的熱忱，她遠渡重洋到英國，向美術工藝運動的重要書籍裝幀師湯瑪斯．詹姆斯．戈布登–桑德森（Thomas James Cobden-Sanderson）學習裝幀技術，成為戈布登–桑德森的第一位女弟子。她經過一年又四個月的修業，之後返回赫爾館，教導來訪的人們裝幀技術，示範了快樂工作的方法。

英國人阿什比拜訪赫爾館後，將其評為「比湯恩比館更能付諸行動的場域」。另一方面，美國人萊特在赫爾館舉行了一場重要的演講「機械藝術與工藝」，阿什比因此與萊特相識，兩人意氣相投，萊特的作品集在歐洲出版時，還請阿什比寫了序文。阿什比與萊特兩人都是參與莫里斯發起的美術工藝運動的設計師，也分別是地區福利機構湯恩比館和赫爾館的設計師。

理性與感性、實際與趣味

如同前面敘述，在近代的照護與設計誕生的時代，兩者的關係是密不可分的。「支援協助」和「提高熱忱」是一體的。

在那之後，英國的希爾和巴奈特所從事的慈善組織協會活動傳到了美國，瑪麗・芮奇孟（Mary Richmond）將之整理成個案工作的手法，奠定了社會工作的基礎。雖然照護手法因此得以持續進化，卻也離設計領域越來越遠，進入專業分工的時代。

而現在是以在地整體照顧為名義，希望在社區營造的場域中融入照護和設計兩者。不管是為了專業間的合作，或是為了提高居民的參與意願，光靠支援是不夠的，關鍵在於激發人的熱忱。如果不加入優美、開心、好吃、酷、可愛等感性元素，不論是專業合作或居民參與都會難以實行。單憑理性很難使人行動，唯有結合理性與感性、實際與趣味、支援和熱忱，照護和設計，人們才會自發行動。

如果目標單純是不同專業間的合作，或許能夠只憑理性運作。舉例來說，醫療和照護合作，大家基本上還是會秉持專業的態度把工作做好。不過還是有可能會有人嫌合作麻煩，而找各種理由來拖延吧。因此這部分也不能只是就事論事，還得加入一點趣味。儘管如此，既然是工作，就得努力去摸索合作的方式。

然而，話題不是討論到醫療和照護為止就好。除了醫療和照護的合作之外，地區上的人們還需要更多樣化的支援。除了老年人照顧，也必須考慮身心障礙者的自立支援、育兒家庭支援、低收入戶等貧困相關的支援，以及就業支援、弱勢權利維護和更生保護等等地區中的各式課題。如此一來，就不是醫師、護理師和看護人員合作就可以解決的問題了。從原先的醫療和社會福利，再加上社會教育、住宅和都市計畫的專業人員投入，需要更多不同領域攜手合作。

不過，專業合作到位仍然不夠，還需要建立地區居民互助的體制。「自己總有一天會需要別人的幫助。」讓居民有這樣的認知，一起協力組成一面照顧網。也就是說，當專業合作和居民參與兩個面向得以實現，才算是完成在地整體照顧。在這個前提之下，對利用工作之餘支援照顧的居民來說，除了實際面之外還有趣味性的需求；而接受支援的人，也需要能夠對某件事產生熱忱。老實說，如果專業合作也能加入趣味性，能提高人的工作動力，因此在地整體照顧才會希望在社區營造的場域結合照護和設計。兩者的結合並非不可能，想想它們誕生之際是一體，這點相當重要。

以「看起來很好玩」作為居民參與的切入點

帶著這些想法，我拜訪了四個地方。除了照護專家，也邀請設計和社區營造領域的人加入，以三方會談的形式進行。參與整體社區營造的東近江市北川憲司先生，對於由專業合作和居民參與組成的在地整體照顧，做了淺顯易懂的說明：「在地整體照顧容易被誤解成是老年人和介護保險的事，但連同身心障礙者和生活困苦的人也一併考慮進來，才是在地整體照顧的精神。而行動的主體是地區居民，專家能做的事只占百分之五。」北川先生點出了重點。

如果在地整體照顧的百分之九十五都由地區居民執行的話，要怎麼讓他們對不是工作的事情產生動力，就變得很重要了。可能是人們的感謝、活動的趣味性、人際連結，或是歸屬感等等，設想居民參加在地整體照顧的理由來推動事業發展。

我們有一個案子是在秋田縣秋田市推動「老年人友善城市」（エイジフレンドリーシ

ティ)，內容是調查老人活得健康快樂的長壽祕訣，再加以推廣。不過，用「老年人健康管理」當主題，很難吸引地方居民參加。於是便採取讓參加者親自去了解長壽老人的生活樣貌，再把成果以展覽[1]的形式展示在美術館，讓更多人看見。參加者雖然沒有策展經驗，有很多不確定性，不過覺得美術館總是會有一些美麗、有趣的事發生，便懷抱這樣的心情來參加。參加者透過親戚或熟人介紹認識老人，實際去府上拜訪，了解老人們健康快樂的長壽祕訣。接著彙整結果，把覺得有趣的部分轉換成展示作品。這個過程除了深化參加者的學習，也經由團體合作來培養關係。最後，來參觀展覽的有一六〇〇位市民，因此便接著展開新的行動，邀請大家一起實踐健康快樂的長壽生活。他們深切感受到老年人與二十歲以上年輕人當朋友的重要性，更組成了「忘年之交俱樂部」(年の差フレンズ)，在市內各處舉辦活動。

同樣地，我們在石川縣野野市市推動在地整體照顧的案子，也是以編輯雜誌[2]的名義招募夥伴。雖然沒有編雜誌的經驗，有很多不確定性，但是採訪不同的人、拍拍照片和寫寫文章都是自己能做的事，居民懷著這樣的心情來參加，大家一起製作刊物，並決定和因採訪變得熟稔的人們，一同展開為在地整體照顧付出的行動。

不管是秋田市或野野市市，最初都是募集了一些看起來對老年人健康管理和在地整體照顧沒有興趣的人們。思考著怎麼讓這些人願意來參加，便想到了從辦展覽和編雜誌這種「雖然不懂但好像很好玩」的活動下手。以這樣的心態來參加的人們，在了解高齡化社會和在地整體照顧含義的過程中，一點一點地改變想法，接著轉換成行動，生活和人生也跟著產生變化。而社區設計的角色，就是從旁輔助這個過程。

最低限度的所需空間

不是說設計很重要，就要設計出一些奇異的建築。多餘的東西都是不必要的，更不要把空間當成是設計師的作品。Share 金澤的雄谷良成先生就說過：「就算沒有建築物也

1 二二四〇歲的風格——越陳越香的人生學長姊們　二〇一六年三月九日（三）～二十一日（一），於秋田縣立美術館縣民畫廊舉辦。市民實際採訪二十九位老年人的生活，將其生活分為「食」、「衣」、「住」、「元氣」四個主題，將採訪資料、相片、展示版和實物展示出來。另外，展覽主題「二二四〇」，為所有採訪對象的年齡加總。

2 野野市市民的人生指南 野野市日和——不管到幾歲都可以如常地快樂生活　在石川縣野野市市實現健康長壽生活的指南書。由市民採訪市內的各式活動和景點，「元氣篇」放的是幫助讀者健康長壽的內容；「安心篇」則提供醫療和照護服務相關的資訊。

無所謂。」我想他是真心這麼認為，這也是個很重要的想法。建築師路易斯・康[3]說過，在設計一個空間的時候，要先去思考它的起源。例如，學校的源頭是什麼？康認為，有個人在一棵樹下開講，而人們聚集過來聽他講話的狀態，就是學校的起源。這個階段還沒有建築物的存在。如果從源頭發想，就可以規畫出學校建築應有的樣貌。同樣的道理，Share金澤為了讓各種不同的人混居在一起，實現彼此互相幫助的生活狀態，照著這個前提，就可以很清楚地知道哪部分需要建築體，哪部分不需要。辛夷園的小山剛先生則是認為，不用一開始就當成「福利機構」來設計，所以不斷地跟負責設計的高田清太郎先生強調：「我要的不是福利機構！」

設計者要去了解那句話背後的意思，試著回溯雄谷先生和小山先生腦中想像的原始狀態，然後設計出必要的空間。不是把福利機構設計得很時髦，也不是設計在地整體照顧的專用機構。而是規畫一個讓人與人得以互相支援、快樂生活的最低限度所需空間。如果能辦到這點，那麼後續營運團隊就能夠再加入一些自己的創意。

比如說，只要擺上住戶自己的傢俱，就能搖身一變成為令人安心的空間。辛夷園的吉井靖子小姐表示：「我們請住戶把慣用的傢俱從家裡帶來擺飾，如此一來，這個空間就變成了他自己的房間，（訪客）就能像是來玩一樣放鬆地待著。」若是在醫院和特別養護老人之家，來探訪的人都是彎下腰和長輩說完話就匆匆離開。為了不讓這樣的情形發生，需要設計者和營運方共同合作，腦力激盪。

這時不能忘記的是要從使用者的視角思考。就像辛夷園的小山先生一直強調「你就是使用者」，當自己變成使用者時希望是怎麼樣的設計，以此為出發點來設計和營運很重要。如果還需要別的使用者的意見，就可以舉辦使用者參加型的工作坊，聽聽不同年齡和性別的人們的想法。

我們在北海道沼田町為了打造診所和生活保健室而舉辦的工作坊[4]裡，不同立場的人們學習在地整體照顧的知識，從自己的生活經驗去思考理想的地方樣貌，再討論需要怎麼樣的活動與空間。接著由建築師古谷誠章[5]先生仔細聆聽後，規畫出實際空間。空

3 路易斯．康（Louis Isadore Kahn, 1901-1974）二十世紀具代表性的的美國建築師，初期參與公共住宅的規畫、設計和都市計畫，晚年留下許多個人風格強烈的公共建築。代表作有金貝爾美術館、沙克生物研究中心等。

4 「連結塾」、「未來塾」 在北海道沼田町，為了討論與實踐「沼田町農村型小型環境城構想」所舉辦的工作坊。那是鎮上唯一的醫院改為無床診所時發起的計畫，市民在工作坊中討論關於町立中學校地新建診所的設計與使用方法，工作坊的成果最後更具體轉化成「沼田町安心生活中心」，一個與醫療照護、社會福利和育兒相關的社區據點。沼田町現在仍然會利用工作坊的形式，產出許多市民活動。

5 古谷誠章（Furuya Nobuaki, 1955～）日本建築師，一九九四年和八木佐千子共同設立有限會社一級建築士事務所。二〇一七年就任日本建築學會會長。

間完成後，以那些曾經參與討論的人們為中心，做各種不同的運用。

空間與人的連結、人與人的連結

雖然先預設使用者再打造空間，或者和使用者討論空間打造很重要，不過讓更多的人與完成後的空間產生連結也同樣要緊。前面提到的沼田町機構就是有從工作坊階段就開始參與的人們在使用。這些人會帶著家人和朋友一起，也有人從外縣市來訪。當這裡變成居民日常生活中會進出的空間，有一天自己需要機構服務的時候，就能安心使用。

辛夷園的吉井小姐提到：「在地居民沒有什麼機會進到照護機構裡看看，所以不知道機構內部怎麼運作。所以當自己住進去的時候，發現跟原本的生活差太多，衝擊會很大。為了避免這樣的狀況，我們希望製造一些機會，讓居民從平時就開始熟悉機構。」像這樣把與照護無關的活動帶進機構很重要。換個說法，把地方上的活動帶進機構很重要，如此一來就會更貼近「在地方生活」的理念。為了達成這個目標，需要去思考機構應該長成什麼樣子、地方團體怎麼合作。若是居民從身體仍健康的時候就開始使用這個空間，當親戚或朋友有需要的時候，便會向他們推薦自己熟悉的機構。當然，萬一自己有需求，也就可以尋求這裡的服務。從平時就和地方保持良好關係，對在地居民和機構都很有幫助。Share金澤的雄谷先生也在設施內開設店鋪、溫泉、學生租屋，還有飼養動物，藉此來製造在地居民到訪的機會。

我們協助的案子裡，像鹿兒島市的丸屋花園和大阪市的近鐵百貨本店（阿倍野HARUKAS）等商業設施，也用同樣的方法將在地居民引導進設施裡。比如說，在商業設施裡設置居民活動空間，培養專門指導員，協助居民每天或是每週在這裡舉辦不同活動，為的就是創造購物之外的其他來訪機會。另外我們還做過在東京都立川市的兒童未來中心導入兒童類型以外的活動，以及在兵庫縣明石市的譜久山醫院導入地區居民可在院內活動的體制。雖然設施限定兒童或病人使用可能會比較有效率，但是這樣切斷了和區域的連結，居民便會對空間感到陌生。當自己或家人需要設施裡的服務時，有可能會因為不熟悉而產生抗拒，因此在日常生活中跟地區保持連結是很重要的。

為了達到這個狀態，從平時就需要和地方活動團體保持聯繫。像幸手市的中野智紀先生就走出了醫院，主動與市內的活動團體碰面，也因此結識了很多有趣的人，並將他們稱作「社區設計師」。中野先生的情況，不單純只是想把活動團體帶進醫院，他更重視的是這些已經在地方開花結果的各種活動，這些人們串連、合作，產生出新的價值，並且透過這些活動來維持居民的健康。身為「社區設計師」一員的小泉圭司先生在自己的社區咖啡店裡做了許多嘗試，思考該如何打造出一個空間來聚集不同背景的人。這些人彼此認識，萬一有什麼需要，大家隨時會出手幫忙。我認為，地區中有一個這樣的互助網，也是在地整體照顧的基本手法之一。

關於這點，東近江市的北川先生等人製作的曼陀羅圖，就明確標示出地區中的活動內容及主導者，定期舉辦的「創集會」也是讓這些人彼此熟悉的場合。他們想實現的理想地區樣貌，和幸手市努力的方向有幾分相似。

地區就是居民人生的累積

在地整體照顧，必須貼近居民的生活和人生。然而，也有不顧本人的意願，就擅自安置照護的情況。舉例來說，在都市的特別養護老人之家，把希望能住進去卻因沒有空位而無法入住的老年人稱為「待機老人」，有時候這樣的人甚至多達上百人。不過辛夷園的小山先生卻表示：「這世界上是沒有待機老人的。」通常在等待（床位）的都是家屬，而不是本人。在小山先生看來，沒有老人是自願住進特養之家的，如果情況允許，大部分的老年人都想繼續住在熟悉的地方。不去考慮如何把地方改造成讓老年人能持續在這裡生活的環境，只想著怎麼把老年人送進機構，這一點，應該要和地方居民好好討論，畢竟這是每個人遲早都會碰到的問題，改變地方的行動不嫌早。

同樣的道理也適用於待機兒童的問題。申請不到托兒所的待機兒童為數眾多，然而在等待缺額的應該不是小孩，而是父母。比起待在家裡，小孩真的更想去托兒所嗎？應該思考的不是怎麼把小孩送到機構，而是如何把地區改造成能兼顧育兒和實踐個人社會角色的環境。思考在地整體照顧的時候，必須貼近居民的生活和人生。

另一方面，有時候看起來好像是為本人著想的行為，其實只看到一部分而已。東近江市花護貴司先生的經驗指出，尤其是醫師，看起來是在醫治病患，其實只是在醫治疾病。而病患的家屬和朋友，因為見證了當事人的人生，才可以得出「很努力地活過了」、「時間差不多了」的判斷。只有醫師認為還有機會，堅持和疾病對峙。在這個情況下，家屬和朋友才是更了解患者本人的吧。

有時候是家人不尊重本人意願，有時候是醫生只看見疾病，兩種情況都很不幸。貼近當事人的在地整體照顧應該是何種形式，必須和當地居民反覆對話，花一點時間好好想想這個問題。

我們在鳥取縣智頭町協助規畫綜合計畫的時候，特別注重內容必須要貼近居民的人生。[6]首先先把公家機關要實施的三百項業務全部寫在卡片上，依實施對象的年齡層分類。以〇～一〇歲為對象的業務、一〇～二〇歲為對象的業務，一直排到八〇～九〇歲為對象的業務，剩餘的就是不分世代的業務項目。

另外，我們請來參加工作坊的居民，在一張細長的紙張上標出〇歲～九〇歲的單位。接著請他們寫下到目前為止的人生經歷，以及接下來的規畫。把每一位參加者的人生可視化之後，再對照公家機關的業務項目，就可以知道當居民幾歲想做什麼事情的時候，政府有沒有相應的業務支援，像這樣拉起兩邊的關聯性來檢視。社區營造的計畫不與個人的人生切割、淪為形式化的討論。社區營造要貼近每一個人的人生來進行，而社區設計就是盡可能地幫助這件事實現。

因為，地區並不單純只是一個地方，它是許多人的人生累積而成的。人生由每一天的生活組成，生活由每一個行動所組成，而行動又從人的意識產生。也就是說，意識讓行動發生，行動打造生活，生活打造人生，而不同人的人生集結在一起就形成了地區。因此，想要改變地區，就得先從人們的意識和行動著手。在地整體照顧並非靠制度和貨幣實現，而是在人們的意識和行動慢慢改變的過程中實現。（圖2）

因此需要時間。改變人們的意識和行動需要時間。實現在地整體照顧不僅需要貨幣資本，時間資本也很重要。人們需要時間吸收新知、對話，進而一點一點改變意識和行動。這次拜訪的四個地方，大家都是花上時間去摸索地區適合的樣子，慢慢朝那個方向前進。如果想和居民一起進行，慢慢來、不要趕是很重要的。（圖3）

貨幣的交易、信任的交換

東近江市的花戶先生提到：「當一個地區的人們能夠互相幫助，即使制度不夠周全，人們仍然可以安心生活。」幸手市的中野先生重視的是，讓地方的人們彼此信任、開心生活。Share金澤的雄谷先生認為，專業合作最重要的就是信任關係。因為相信我們的目標一致，所以不厭其煩地往來溝通，為的就是打造出理想地區。

6 **智頭町的地圖帳——智頭生活路標** 鳥取縣智頭町第七次綜合計畫的參考書。利用插畫和圖像在地圖上標出各地區特徵和人口分布、年齡組成、鎮上的居民活動，以及生活機能點。除此之外，將綜合計畫的實施業務依照年齡層分類，與市民生活連結。

圖2｜影響人的意識和行動的社區設計

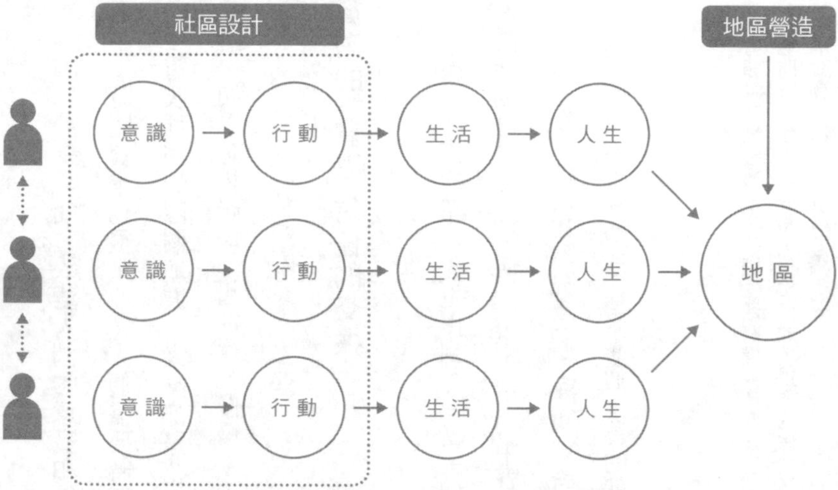

人的意識和行動改變，生活就會產生變化。每天的生活產生變化，
人生就會跟著變得不同。每一位居民的人生不一樣後，就會讓地區產生新面貌。

圖3｜貨幣資本和時間資本

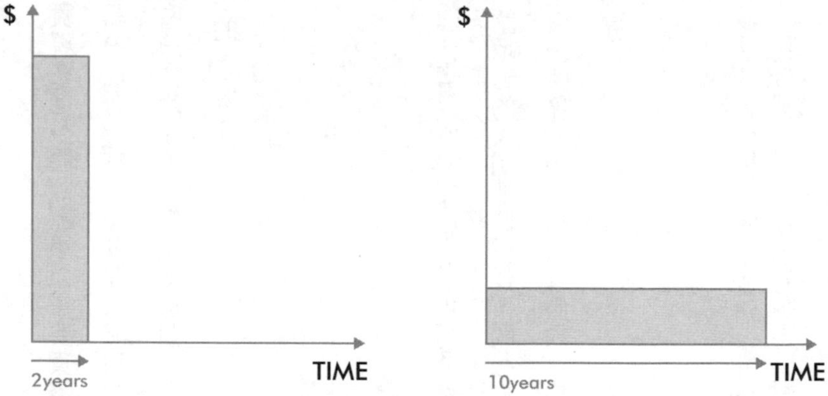

要用短時間砸大錢的方式實現？
還是用花小錢長時間的方式實現？

思考在地整體照顧的時候，最重要的就是「信任」。我們在日常生活中取得物資和服務的方法有三種：①透過貨幣向陌生人取得、②透過貨幣和信任向熟面孔取得、③透過信任向熟人取得。當然，貨幣交易也是基於相信對方、相信貨幣的價值才得以成立。不過也有些物質交換，單純是奠基在信任之上。

①的交易方式就是典型的網路購物，不知道對方的身分還是可以用貨幣交易。量販店和超商也是一樣的道理。

②的方式則有些許不同。比如說付房租給房東，他可能會分一些院子採的柿子給你；每個月光顧的理髮店，付了理髮費用或許還會順便收到別人帶回來的土產。這種熟面孔之間的交情，有時候不只有貨幣的交易，還包含信任的交換。③的情形則常見於在地人和家人之間。採了很多蘿蔔分你一點、旅行回來幫你帶一點禮物等等，這種就是基於信任產生的物質和服務的交換。

那麼，我們的生活是由①~③哪種方式組成的呢？問不同人可能會得到不同答案。大部分住在都市的人應該是以①為主，也有人幾乎每天都得依賴貨幣和陌生人交易來維持生活，因此②跟③的比例極低。另一方面，生活在郡部[7]的人，依賴②跟③的比例就

7 郡部　地方自治法定義的地方公共團體中，人口未滿三萬人的町村區域。

圖4｜取得物資和服務的方法❶

①透過「貨幣」向「陌生人」取得（網路購物、超商、量販店等）
②透過「貨幣和信任」向「熟面孔」取得（房租與柿子、理髮店和土產等）
③透過「信任」向「熟人」取得（米、蕎麥麵、蔬菜、魚和點心等）

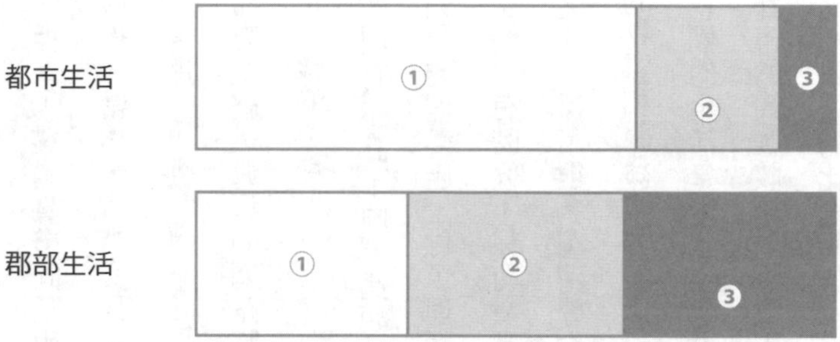

人口眾多的都市區大多依賴「貨幣」和「陌生人」交易；
也有許多地區是靠著「信任」和「熟面孔」與「熟人」互通有無。

高上許多。理由是區域內商家的種類有限，生活的需求大部分靠②的熟面孔跟③的熟人來滿足。在一些活用區域貨幣的地區，②跟③可被量化檢視。（圖4）

大約在一九二〇年左右，日本總人口的百分之二十分布在都市，百分之八十則生活在郡部。也就是說，當時有很多人不是透過貨幣交易，而是藉由②跟③交換的方式，取得需要的物資和服務。如此一來，GNP不會增加，稅收也不會成長。但是到了一九五〇年以後，郡部的人口不斷地往都市移動，逆轉了比率。到了二〇〇〇年左右，變成都市人口占了百分之八十，郡部占百分之二十（圖5）。

人口分布演變至此，代表①的貨幣交易

圖5｜市部和郡部的人口變化

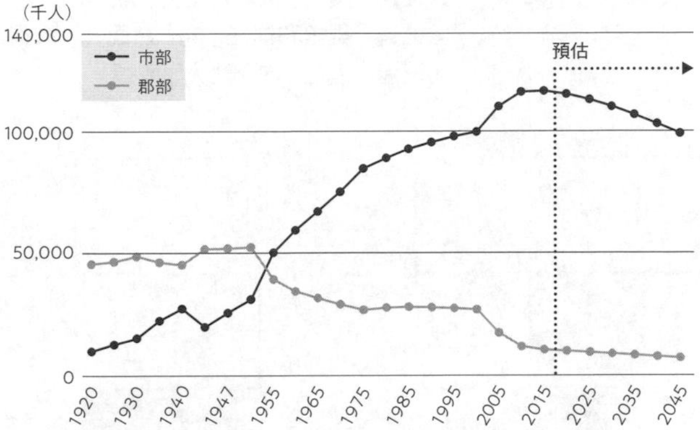

1 1920~2015年的實際數值係參考總務省統計局「國勢調查報告」製作。

2 2020年以後之預估值係參考國立社會保障・人口問題研究所「日本各地區將來預估人口」(2018年)製作。

3 市部為全國市級行政區域(包含東京都特別區)的全部加總；郡部則為全國町村地區的全部加總。

過去日本總人口的百分之二十分布在都市，百分之八十則生活在郡部。到了1950年代呈現逆轉，現今九成人口都居住在都市區。

壓倒性增加，GNP和稅收增加帶動了經濟成長。如今大多數的日本人認為，要取得物資和服務，貨幣是不可或缺的。大家開始重視儲蓄以因應退休後的生活，如果沒有兩千萬日圓的存款，老年生活將會很不安。於是，必須更努力工作賺錢，就沒有時間參與地方活動了。比起③的交換，更重視①的交易，所以沒有時間和地區上的人建立信賴關係。若是遲遲無法在地區中和他人建立起信任，對老後生活的不安也不會消失。反觀重視③的人，因為知道當別人有需要的時候自己願意付出，當自己有需要的時候也會有人出手相助，這種安心感便是建立在信任之上。

好的，因為①的交易活絡而帶動經濟的

圖6｜如何才是豐富且安定的人生？

取得物質和服務的方法
①透過「貨幣」向「陌生人」取得
②透過「貨幣和信任」向「熟面孔」取得
③透過「信任」向「熟人」取得

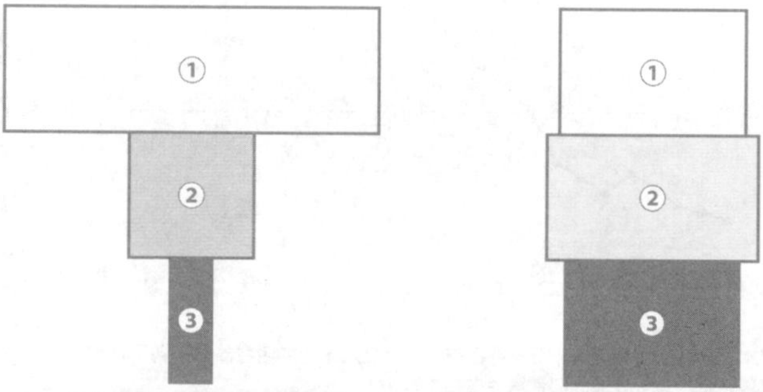

①的交易占多數的生活　　②③的交換占多數的生活

左右兩邊，哪一邊看起來是安定的生活？

日本，現在正快速進入世界上前所未見的超高齡社會，需要支援的人急速增加當中。然而，占了總人口百分之八十的都市生活者，打算用①貨幣交易的方法，從陌生人那邊購買照護服務。如此一來，即使費用的兩成是自己負擔，介護保險和稅金還是得分別支付四成，這樣下去醫療和照護制度遲早會崩塌。為了挽救這個局面，才有了地方整體照顧的出場，希望藉由居民的參與，也就是透過③的模式來彼此援助。

聽起來好像很任人擺布。需要稅收的時候就希望你多多利用

①，社會高齡化之後又要你減少①的使用。不過這裡最重要的一點是，我們自己希望怎麼過活。你希望用一九五〇年～二〇〇〇年短短五十年間就躍為主流的①來塑造你的人生，還是像③那樣以信任為基礎地與人來往呢？我自己是想要以③那種和熟人禮尚往來的模式為基礎再搭配②，怎麼樣都得不到的物質和服務再用①取得。我認為到了老年，③的比例越大精神生活會比較安定。反之，③的比例如果太小，發生一點小事就可能讓生活走樣。（圖6）

給豐富人生的挑戰

一想到在地整體照顧是為了降低醫療和照護費用負擔的制度，或許就會讓人提不勁。不過轉念一想，這也是一個與熟悉的人透過信任互通有無的嘗試，想到這裡也就可以感受到值得一試的價值。可能有人不喜歡在地整體照顧這個名稱，有人拒絕任政府的政策擺布。但是，為了讓我們的生活和人生過得更快樂、更安心，可以藉著這個機會重新思考自己與地區的互動關係。或是藉這個機會讓結合照護和設計的社區營造在各地開花結果，使更多人感受到充實的生活和人生。在這層意義上，我很希望可以協助實現基於信賴關係的在地整體照顧。

羅斯金在他的著作中表示：「你的生活和人生正是你的財富。」充實你的生活和人生，再用這些財富替地方的人們帶來好的影響，哪怕是只有一點也很重要。一個人能達到這個狀態，便稱得上是擁有「豐富人生」。

他說的沒錯，不是為了國家去實現在地整體照顧。成就豐富人生，才是設計照護社區的真意。

結語

這本書是由《居家護理與長照》雜誌的連載文章集結而成。從事社區設計的過程中，這個企畫正好在我覺得醫療與社會福利工作增加的時候出現，於是便非常樂意地接下了這份工作，踏上探索照護、設計和社區營造三者關係的旅程。我要特別感謝詳細與我們分享的辛夷園吉井靖子小姐和高田清太郎先生、東近江市北川憲司先生和花戸貴司先生、幸手市中野智紀先生和小泉圭司先生，以及 Share 金澤雄谷良成先生和西川英治先生。

也要感謝醫學書院負責連載和書籍編輯的栗原 Hitomi 小姐和小池倫平先生。在這四場會談中學到的事情，對我後續在社區設計現場，參與在地整體照顧案件時的思考幫助很大。很開心能夠得到這個莫大的學習機會。

另外也要謝謝書籍裝幀設計 MATZDA OFFICE、負責插畫的 Mei Collasse 小姐，經由他們的設計，讓這本書變得更好讀了。

經過這四場會談，我更加了解到社區營造確實能夠拉近照護與設計的距離，接下來也希望能夠參與更多照護與設計結合的案子。如果這本書能夠在某處促成地方照護與設計的協力計畫，我將會感到無比的開心。

山崎　亮

初出一覽

1 照護與社區營造將在哪裡交會？《居家護理與長照》21卷9號～11號（二〇一六年九月號～十一月號）

2 誰來照顧社區？《居家護理與長照》21卷12號～22卷3號（二〇一六年十二月號～二〇一七年三月號）

3 是什麼牽起照護與社區的關係？《居家護理與長照》22卷7號～10號（二〇一七年七月號～十月號）

4 如何打造一個照護社區？《居家護理與長照》22卷11號～23卷1號（二〇一七年十一月號～二〇一八年一月號）

5 照護和設計的再遇見與深化首度刊登

出版書籍時經修訂，並收錄插畫、圖表。

國家圖書館出版品預行編目(CIP)資料

打造所有人的理想歸宿：在地整體照顧的社區設計 / 山崎亮作；曾鈺珮譯. -- 初版. -- 臺北市：行人文化實驗室, 2019.08
224 面；14.8x21公分
譯自：ケアするまちのデザイン：対話で探る超長寿時代のまちづくり

ISBN 978-986-97823-3-3 (平裝)

1.社區發展　2.社區式照護服務　3.日本

547.4　　108013414

打造所有人的理想歸宿：在地整體照顧的社區設計

ケアするまちのデザイン：対話で探る超長寿時代のまちづくり

作　　者：山崎亮
譯　　者：曾鈺珮
總 編 輯：周易正
責任編輯：盧品瑜
特約文編：孫德齡
封面設計：廖　韡
內頁排版：葳豐企業
行銷企劃：郭怡琳、華郁芳、毛志翔
印　　刷：崎威彩藝

定　　價：350元
I S B N：978-986-97823-3-3
2019年8月 初版一刷

出版者：行人文化實驗室（行人股份有限公司）
發行人：廖美立
地　址：10563 台北市松山區八德路四段36巷34號1樓
電　話：+886-2- 37652655
傳　真：+886-2- 37652660
網　址：http://flaneur.tw

總經銷：大和書報圖書股份有限公司
電　話：+886-2-8990-2588

Authorized translation of the Japanese language edition, entitled
ケアするまちのデザイン　対話で探る超長寿時代のまちづくり
ISBN: 978-4-260-03600-9
著：山崎　亮
Published by IGAKU-SHOIN LTD., TOKYO Copyright © 2019